Etiqueta social e empresarial » Adriane Werner

Etiqueta social e empresarial

Adriane Werner

Etiqueta social
e empresarial

2ª edição, revista e atualizada

Rua Clara Vendramin, 58 . Mossunguê
CEP 81200-170 . Curitiba . PR . Brasil
Fone: (41) 2106-4170
www.intersaberes.com
editora@intersaberes.com

Conselho editorial Alexandre Coutinho Pagliarini; Drª Elena Godoy; Dr. Neri dos Santos; Dr. Ulf Gregor Baranow * *Editora-chefe* Lindsay Azambuja * *Gerente editorial* Ariadne Nunes Wenger * *Assistente editorial* Daniela Viroli Pereira Pinto * *Design de capa e miolo* Sílvio Gabriel Spannenberg

Dados Internacionais de Catalogação na Publicação (CIP)
(Câmara Brasileira do Livro, SP, Brasil)

Werner, Adriane
 Etiqueta social e empresarial/Adriane Werner. 2. ed. rev. e atual. – Curitiba: InterSaberes, 2014.

 Bibliografia.
 ISBN 978-85-8212-938-8
 1. Etiqueta 2. Etiqueta profissional I. Título.

13-08801 CDD-395

Índices para catálogo sistemático:
1. Boas maneiras: Costumes   395
2. Etiqueta social empresarial: Costumes   395

1ª edição, 2013.
2ª edição rev. e atual., 2014.

Foi feito o depósito legal.
Informamos que é de inteira responsabilidade da autora a emissão de conceitos.
Nenhuma parte desta publicação poderá ser reproduzida por qualquer meio ou forma sem a prévia autorização da Editora InterSaberes.
A violação dos direitos autorais é crime estabelecido na Lei n. 9.610/1998 e punido pelo art. 184 do Código Penal.

Sumário

9 » *Apresentação*

12 » *Como aproveitar ao máximo este livro*

15 » *Introdução*

17 » **1 O que é e para que serve a etiqueta?**

21 » 1.1 O que é etiqueta?

23 » 1.2 Para que serve a etiqueta?

25 » 1.3 Etiqueta social

27 » 1.4 Etiqueta à mesa

29 » 1.5 Etiqueta profissional ou corporativa

35 » **2 Conduta profissional: ética e etiqueta**

37 » 2.1 Ética e etiqueta: tudo a ver!

39 » 2.2 A etiqueta corporativa no cotidiano de trabalho

44 » 2.3 Até que ponto devemos competir?

45 » 2.4 Tudo vai bem se você está bem: a importância da autoestima

47 » 2.5 A tortura do aviso prévio: é possível – e necessário! – manter o profissionalismo

48 » 2.6 O boi bravo e a vaca

50 » 2.7 Quando falar e quando calar: preconceitos

- 53 » 2.8 A primeira impressão
- 53 » 2.9 Gestos que falam
- 55 » 2.10 Diga adeus aos chicletes!
- 55 » 2.11 *Marketing* pessoal
- 57 » 2.12 Como comparar estilos diferentes
- 58 » 2.13 Seu nome é a sua marca
- 60 » 2.14 Liderança é uma virtude!
- 62 » 2.15 Reunião: tempo perdido ou encontro necessário?
- 63 » 2.16 Questões de gênero: homens e mulheres convivendo bem no ambiente de trabalho
- 64 » 2.17 O cliente que não compra também é cliente?
- 66 » 2.18 Problemas existem, o importante é resolvê-los!
- 67 » 2.19 As lições de Thomas Edison
- 68 » 2.20 Você não é obrigado a concordar com tudo!
- 73 » **3 Etiqueta e comunicação**
- 76 » 3.1 "O quê" e "como"
- 77 » 3.2 Falar bem é simples!
- 78 » 3.3 Comunicação oral
- 79 » 3.4 As palavras têm o poder de construir uma atmosfera de otimismo
- 81 » 3.5 Transforme as palavras negativas em positivas
- 82 » 3.6 Bom humor, piadas, gírias e palavrões
- 85 » 3.7 Fuja da gafe!
- 86 » 3.8 Costume de casa vai à praça

87 » 3.9 Linguagem

89 » 3.10 Capital humano: a não palavra

91 » 3.11 Palavras estrangeiras... *in* ou *out*?

92 » 3.12 Você não tem noção, tá entendendo?

93 » 3.13 Gestos e postura

94 » 3.14 Proximidade física na comunicação

96 » 3.15 Tom e melodia da voz

97 » 3.16 Mais gafes

98 » 3.17 O mundo é um ovo!

99 » 3.18 Comunicação escrita

100 » 3.19 O importante é comunicar!

101 » 3.20 Correspondências

102 » 3.21 O cartão de visitas

104 » 3.22 Interesse pelo outro

109 » **4 Comunicação e novas tecnologias**

111 » 4.1 Pelo resgate do contato pessoal

112 » 4.2 Novas tecnologias

113 » 4.3 Conduta profissional dos novos tempos

115 » 4.4 Telefone fixo

116 » 4.5 Telefone celular

119 » 4.6 Internet

133 » **5 *Dress code*: com que roupa?**

135 » 5.1 Apresentação pessoal

137 » 5.2 Influência da aparência e do vestuário no ambiente de trabalho

139 » 5.3 Dicas para mulheres

140 » 5.4 Dicas para homens

141 » 5.5 Sua aparência é seu cartão de visitas

142 » 5.6 Com que roupa eu vou?

144 » 5.7 Mais alguns cuidados com a aparência

145 » 5.8 A ousadia deve estar nos detalhes

146 » 5.9 Formalidade *versus* informalidade

147 » 5.10 Uniforme resolve?

148 » 5.11 Acessórios, maquiagem, *piercings* e tatuagens

153 » **6 Tendências e situações diversas**

155 » 6.1 Gerenciar o tempo ou clonar o tempo

156 » 6.2 Como receber turistas durante a Copa do Mundo da FIFA de 2014?

157 » 6.3 Dar presentes é uma responsabilidade!

159 » 6.4 *Home-office*: prós e contras

160 » 6.5 Congressos, seminários e convenções

161 » 6.6 Viagens a trabalho

162 » 6.7 Confraternizações

164 » 6.8 Refeições de negócios: negociar de boca cheia?

169 » *Para concluir...*

171 » *Referências*

175 » *Respostas*

179 » *Sobre a autora*

Apresentação

A grande mudança tecnológica que o mundo vem experimentando em um ritmo alucinado nos últimos anos tem trazido profundas alterações no comportamento das pessoas. As relações estão ficando cada vez mais informais e, ao mesmo tempo, mais distantes e virtuais – as pessoas desenvolvem amizades, relações de negócios e parcerias mesmo sem haver contato físico entre elas.

Todas essas transformações colocam em xeque as tradicionais "boas maneiras" – as regras de convivência social que, década após década, foram transmitidas de pais para filhos (ou, mais comumente, de mães para filhas) e repetidas geração após geração. Hoje essas regras são outras. Mas quais são essas novas regras? Como se comportar "bem" em um mundo no qual a informalidade impera e as normas de conduta mudam a cada dia?

Vivemos em uma sociedade cada vez mais cheia de regras e, ao mesmo tempo, cada vez mais informal. Nesse cenário, estabelecer o perfil profissional desejado a cada indivíduo é uma tarefa difícil. Para cada atividade, é esperado um comportamento diferente. Certamente o que se espera do comportamento profissional de um *personal trainer* não é o mesmo que se espera de um advogado, ou o que se imagina como perfil ideal de um médico não é o mesmo que se imagina de um engenheiro.

Neste livro, trabalharemos conceitos, análises e dicas para a busca do melhor comportamento profissional nas mais diferentes situações, mas sempre respeitando as diferenças entre as profissões e as atividades desempenhadas. Nesse contexto, trataremos desde questões aparentemente simples, como o vestuário ideal para cada situação, até dilemas profissionais mais delicados, como questões éticas e comportamentais que abalam o clima organizacional e as relações sociais e de trabalho.

O objetivo deste livro é trazer à reflexão as mudanças sociais que têm sido a marca da contemporaneidade, apontando caminhos que possam auxiliar na formação de cidadãos prontos para a nova sociedade que se configura. Para isso, serão abordados temas a respeito da conduta ideal nas mais diversas situações, como o comportamento desejável diante das novas tecnologias (redes sociais, *e-mail*, telefone celular), a importância da comunicação oral e escrita, os códigos de vestimenta e, também, situações específicas, como a tendência da utilização de *home-office* (escritório em casa) e os comportamentos desejáveis em eventos de caráter profissional, como confraternizações, congressos, viagens e refeições.

Para tanto, no Capítulo 1, apresentaremos o significado e os objetivos da etiqueta, a fim de mostrar que os estudos e os apontamentos sobre esse conceito, hoje, têm a intenção de promover uma vida harmônica entre pessoas de diferentes costumes, formações, profissões etc. Falando de *etiqueta* em um aspecto mais formal, abordamos também uma breve noção de cerimonial e protocolo.

Já no Capítulo 2 tratamos especificamente de comportamento profissional e conduta social, trazendo os temas *ética* e *etiqueta*. Abordamos noções da chamada "boa educação", com regras simples e muitas vezes esquecidas no dia a dia, além de questionamentos sobre *marketing* pessoal e conflitos éticos do mundo do trabalho.

Na sequência, no Capítulo 3, exploramos o tema *etiqueta aplicada à comunicação pessoal*, com dicas de como falar de maneira educada e cortês, abordar questões delicadas e criar uma imagem positiva por meio de sua comunicação.

No Capítulo 4, o tema central é a chamada "netiqueta", ou seja, a etiqueta aplicada ao uso das novas tecnologias e redes sociais. Em seguida, no Capítulo 5, apresentamos dicas e questionamentos sobre o vestuário mais adequado a cada situação, especialmente nas ocasiões profissionais que se apresentam no cotidiano de cada pessoa.

Por fim, no Capítulo 6, discutimos sobre o gerenciamento do tempo, os prós e os contras do *home-office*, o hábito de presentear e a conduta profissional em ocasiões como congressos e convenções.

Considera-se necessário frisar, ainda, que a obra enfoca as questões da chamada *etiqueta corporativa*. Temas como *cerimonial* e *protocolo*, além de outras formalidades, são abordados de forma mais breve por não consistir no foco principal deste livro.

Espera-se que, com esta leitura, você possa questionar sua conduta profissional e pessoal, considerando a importância da gentileza e da generosidade muito mais do que as supostas regras de conduta social.

Como aproveitar ao máximo este livro

Este livro traz alguns recursos que visam enriquecer o seu aprendizado, facilitar a compreensão dos conteúdos e tornar a leitura mais dinâmica. São ferramentas projetadas de acordo com a natureza dos temas que vamos examinar. Veja a seguir como esses recursos se encontram distribuídos no projeto gráfico da obra.

Conteúdos do capítulo
Logo na abertura do capítulo, você fica conhecendo os conteúdos que nele serão abordados.

Após o estudo desse capítulo você será capaz de
Você também é informado a respeito das competências que irá desenvolver e dos conhecimentos que irá adquirir com o estudo do capítulo.

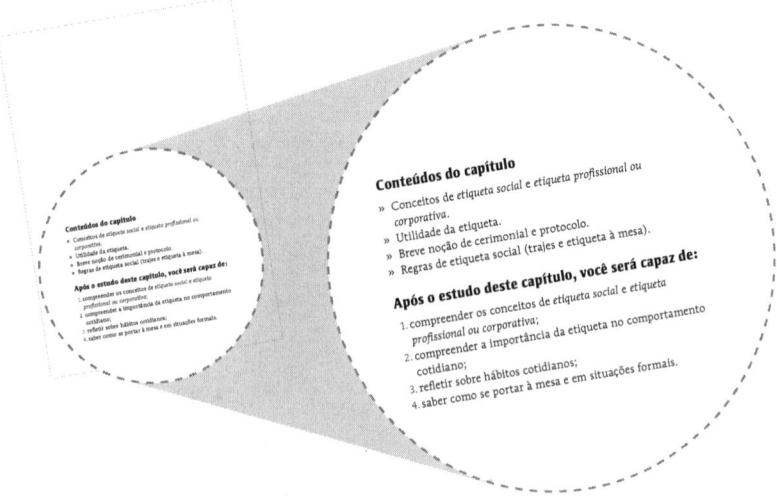

Síntese

Você dispõe, ao final do capítulo, de uma síntese que traz os principais conceitos nele abordados.

Para saber mais

Você pode consultar as obras indicadas nesta seção para aprofundar sua aprendizagem.

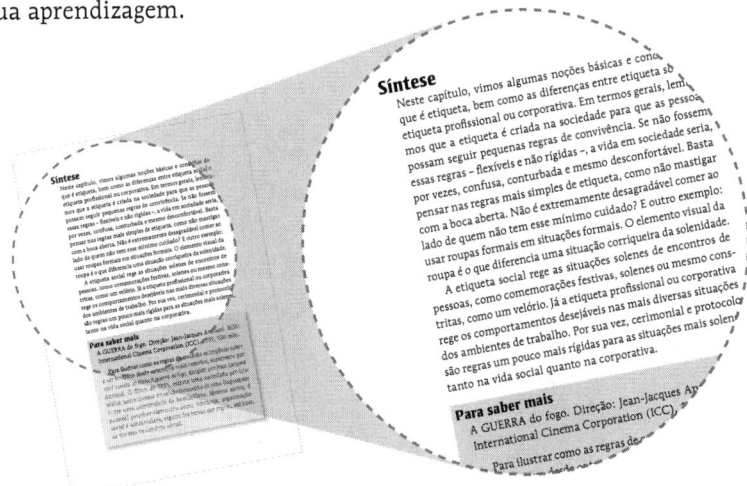

Questões para revisão

Com estas atividades, você tem a possibilidade de rever os principais conceitos analisados. Ao final do livro, o autor disponibiliza as respostas às questões, a fim de que você possa verificar como está sua aprendizagem.

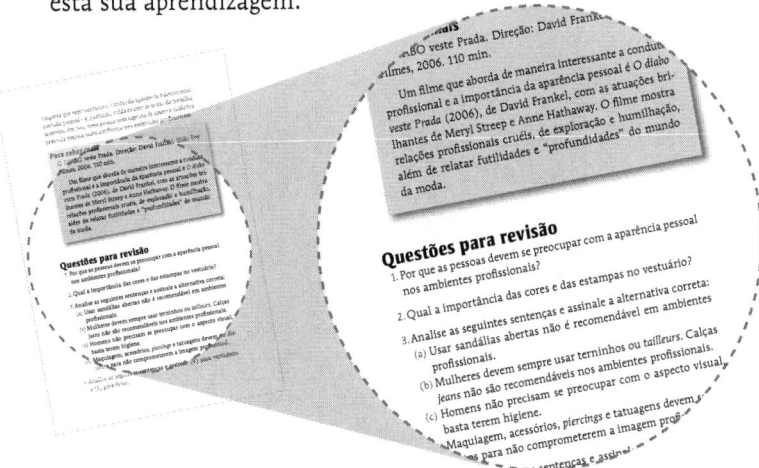

Questão para reflexão

Nesta seção, a proposta é levá-lo a refletir criticamente sobre alguns assuntos e trocar ideias e experiências com seus pares.

Estudo de caso

Esta seção traz ao seu conhecimento situações que vão aproximar os conteúdos estudados de sua prática profissional.

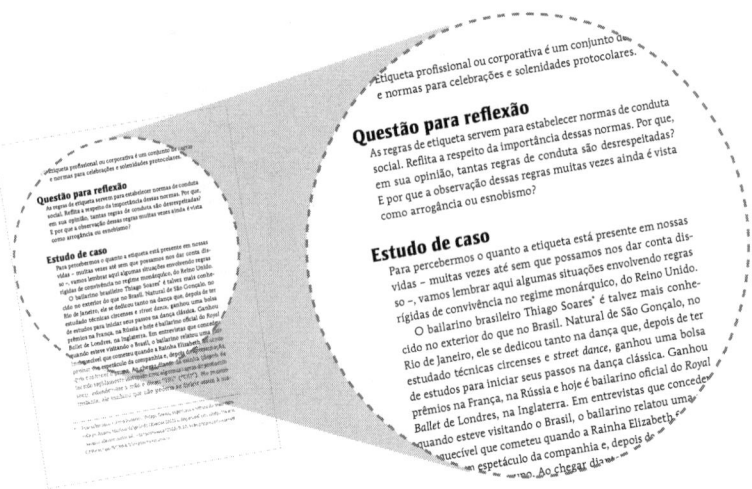

Introdução

O tema *etiqueta* provoca resistência em muita gente. Muitas pessoas pensam que estudar etiqueta é especializar-se em futilidades, em superficialidades. Mas, ao mesmo tempo, quase todos reconhecem que é justamente a conduta de uma pessoa que lhe abre ou fecha portas na sociedade. Está posto o dilema. Reconhecemos as regras de etiqueta como uma necessidade, mas não admitimos que seja necessário aprendê-las.

Isto se deve ao fato de que, muitas vezes, tratamos de temas que parecem óbvios na busca da boa convivência entre as pessoas. O bom senso poderia resolver grande parte das dúvidas que aparecem no dia a dia de qualquer profissional, desde as mais banais, como a escolha da roupa mais adequada para cada situação, até os mais difíceis conflitos éticos. Mas o fato é que o bom senso é um conceito subjetivo, pessoal. O que é de bom senso para um pode não ser para outro. É por isso que se faz necessária a sistematização de algumas regras de convivência em sociedade.

A resistência ao estudo da etiqueta também é característica das pessoas que veem com olhos críticos a sociedade hedonista (baseada na busca do prazer desenfreado) e narcisista (baseada na imagem) da atualidade. Claro que essa visão crítica é muito cabível, afinal, quando se busca apenas cuidar da "forma" sem se preocupar com o "conteúdo", perde-se a essência do ser humano.

Mas essa é uma visão preconceituosa do que vem a ser etiqueta. Regras de convivência não deveriam servir para salientar diferenças sociais. Pelo contrário! Elas são criadas para promover a convivência harmônica entre as pessoas.

Vivemos, sim, em um mundo de competição, em que as pessoas buscam destaque e notoriedade de maneira desenfreada. Se em épocas de nobreza e realeza as regras de "boas maneiras" serviam para deixar claros os papéis sociais de cada um para que plebeus não ousassem invadir a convivência dos nobres, hoje a luta é a do "salve-se quem puder": todos se colocam no mercado seguindo dicas rasas do que erroneamente se batizou de *marketing pessoal* e desejando se tornar celebridades a qualquer preço. O resultado é a adoção desmedida de ferramentas artificiais para que as pessoas possam "parecer" (não precisa "ser", basta "parecer") mais jovens, ricas, influentes, notáveis e poderosas.

Mas atenção! Essa busca nada tem a ver com o que queremos tratar aqui. O nosso objetivo é discutir a etiqueta combinada com a ética, para a construção de um perfil profissional e pessoal que garanta a presença harmônica nos mais diversos ambientes, sem querer ser mais do que os outros e se impor sem conteúdo. Etiqueta, de fato, nada tem a ver com essa conduta esnobe. Agir de acordo com a etiqueta não é ostentar uma posição social ou buscar uma imagem de luxo, mas procurar se harmonizar nos mais diferentes ambientes.

1 O que é e para que serve a etiqueta?

Conteúdos do capítulo

» Conceitos de *etiqueta social* e *etiqueta profissional ou corporativa*.
» Utilidade da etiqueta.
» Breve noção de cerimonial e protocolo.
» Regras de etiqueta social (trajes e etiqueta à mesa).

Após o estudo deste capítulo, você será capaz de:

1. compreender os conceitos de *etiqueta social* e *etiqueta profissional ou corporativa*;
2. compreender a importância da etiqueta no comportamento cotidiano;
3. refletir sobre hábitos cotidianos;
4. saber como se portar à mesa e em situações formais.

Cada pessoa tem uma maneira de agir. É o que chamamos de *personalidade*, formada principalmente na infância. Família, escola, comunidade, clube, amigos e tantos grupos que frequentamos desde crianças moldam, aos poucos, a nossa personalidade. Mas, mesmo com tantas influências externas, cada pessoa é única e tem uma maneira ímpar de agir diante das mais diversas situações da vida. Não é raro ouvirmos mães e pais comentarem algo como: "Temos quatro filhos e criamos todos da mesma maneira. Mesmo assim, um é completamente diferente do outro!".

Dentro dessa forma muito pessoal de cada pessoa agir, percebe-se que o ser humano é um animal de hábitos e rotinas. Aprendemos como devemos agir em cada situação e passamos a repetir comportamentos e a depender de como as ocasiões se apresentam. Isso forma nossos hábitos. É uma constatação que serve para todas as áreas da vida, desde o vocabulário que adotamos (gírias, maneirismos, vícios de linguagem) até as situações mais complexas, como a conduta durante uma negociação.

Para nos adequarmos a algumas situações da vida, às vezes precisamos nos livrar de alguns comportamentos, e essa é uma das maiores dificuldades. Tornamo-nos escravos de nossos hábitos. Você já se percebeu com algum cacoete, alguma gíria, algum trejeito do qual quisesse se livrar? Já percebeu como é difícil livrar-se de um hábito? Quando as normas de conduta em uma comunidade (empresa, igreja, clube ou qualquer organização social em que você atuar) exigem um padrão de comportamento diferente do nosso, temos duas alternativas: desistir de fazer parte desse grupo (pedir demissão do emprego, deixar de frequentar o clube, isolar-se de determinada comunidade), sabendo que isso poderá nos trazer consequências importantes; ou nos adaptar às regras colocadas, mesmo que isso represente alguma dificuldade.

Na vida profissional, especialmente, precisamos muitas vezes sacrificar algo no nosso jeito de ser para podermos nos adaptar à determinada situação. Uma pessoa que seja considerada arrogante ou presunçosa por causa de sua conduta pode ser isolada no ambiente de trabalho e perder o apoio e a amizade de colegas que poderiam enriquecer a sua atuação profissional.

Certa vez, li um artigo do atual reitor da Universidade Positivo, professor José Pio Martins (2013), que tratava exatamente desse lado mais amargo da natureza humana. Dizia ele que: "Primeiro, formamos nossos hábitos; depois, eles nos dominam e conduzem nossa vida. A maneira como pensamos, sentimos e agimos é ditada por nossos valores, nossas crenças e nossa estrutura psicológica". O educador e economista citou o caso da então senadora Hilary Clinton, que na época era pré-candidata à presidência dos Estados Unidos. Diziam, na ocasião, que ela estava perdendo apoios importantes por ter um estilo autoritário e arrogante. "Fiquei imaginando que o destino da nação mais poderosa do mundo pode ser alterado por causa do comportamento e das atitudes de uma pessoa difícil e intratável", comentou o professor Pio.

Se isso acontece com uma autoridade tão dotada de poder e com tanta experiência política, imagine no dia a dia de uma empresa, com dezenas, centenas, milhares de pessoas. Cabe a cada um não apenas decidir como agir, mas também a arcar com as consequências dessas ações. "O plantio é facultativo, mas a colheita é obrigatória", diz o dito popular.

A respeito disso, convido você a relembrar uma história que remete tanto aos *koans* orientais quanto às fábulas de nossa tradição. É sobre um monge que, um dia, passeando com seus discípulos, ao passar por uma ponte da estrada, viu que um escorpião estava sendo arrastado pela corrente do rio que margeava o caminho. Sem pensar muito, o mestre jogou-se na água e pegou o animalzinho; porém, quando chegava à margem, foi picado pelo escorpião. Com a dor, o monge o deixou novamente cair no rio. Ele já começava a descer rio abaixo quando o mestre pegou um galho de uma árvore próxima e, com cuidado, colheu o escorpião da água, voltando então a seus discípulos ao ver o animalzinho salvo. Perguntado pelos assustados discípulos por que havia feito aquilo, se a picada certamente doía e não havia razão para salvá-lo novamente, o mestre respondeu apenas: ele agiu conforme a natureza dele; eu, conforme a minha.

O lado bonito dessa fábula é perceber a **boa** natureza do monge e a natureza **perversa** do escorpião. E, como toda fábula tem uma **moral da história**, o objetivo é que os leitores vejam a figura do monge como exemplo a ser seguido. Mas, como tudo tem "o outro lado", temos que lembrar que bem poucos de nós têm a mesma natureza benevolente do monge.

Bem, nem seria necessário ir tão longe. Ainda hoje temos exemplos de pessoas cuja natureza "intratável" também espanta aliados. Mas, como ensinou o monge, cada um age segundo a sua natureza.

1.1 O que é etiqueta?

Para você entender de uma vez por todas o que é etiqueta – tanto a social quanto a que chamamos de *profissional* ou *corporativa* –, o pensamento pode ser o seguinte: *etiqueta* é um conjunto de regras – tácitas, em sua maioria – para promover a boa convivência entre as pessoas. Esse raciocínio resume o sentido de praticamente todas as regras de comportamento. Por exemplo: Por que não se deve falar de boca cheia? (Para não provocar asco nos nossos interlocutores ao mostrar o alimento mastigado dentro da boca). Por que se deve utilizar um tom de voz baixo e firme? (Para não impor de forma agressiva nossa presença, ao se falar muito alto e, ao mesmo tempo, para marcar nossa presença com firmeza). E assim por diante, há justificativas para **quase** todas as regras de convivência social. As exceções são exceções.

Em uma análise histórica, podemos supor facilmente que a etiqueta existe desde que o ser humano passou a se organizar em sociedade – visto que esta se firmou em cima de regras de convivência. Na Pré-História, por exemplo, a organização social tinha suas normas; cada pessoa já tinha seu papel na sociedade. O homem saía à caça e a mulher cuidava dos filhos, dos animais recém-domesticados, da agricultura recém-descoberta. E, assim, supõe-se que, com as sucessivas mudanças de costumes entre os seres humanos, essas regras foram se alterando, mas sempre sendo utilizadas como normas de conduta. Por exemplo: com o surgimento da família no formato em que a concebemos hoje (monogamia, filhos de um mesmo casal etc.), algumas regras precisaram ser estabelecidas. Surgem o sobrenome, a noção de propriedade e, até mesmo, a documentação de leis. Nas sociedades feudais, os papéis sociais eram muito bem determinados e cada um sabia dos seus próprios limites. Na sociedade industrial, acirra-se a relação de antagonismo entre patrão e empregado, mais uma vez com definição de papéis sociais. Os importantes momentos de revolução trouxeram mudanças drásticas nessas relações*.

1.1.1 Cerimonial e protocolo

Pompas? Só em algumas circunstâncias.

Como você pôde observar, desde a Pré-História o ser humano cria normas e regras para a convivência entre as pessoas. O problema é que essas regras sempre serviram para deixar bem clara a estrutura de poder da sociedade. Na Idade da Pedra, os líderes das comunidades provavelmente eram os que tomavam a dianteira, sobressaíam-se perante os outros e comandavam seus semelhantes. O tempo passou, mas muitas das normas formais de convivência – a que damos o nome de *etiqueta, cerimonial, protocolo* – ainda servem apenas para destacar uns dos outros, ostentando poder, fama e riqueza.

O auge da normatização dos costumes foi na Idade Média, quando as pessoas indiretamente ligadas à corte gastavam fortunas para terem as melhores roupas, ocuparem os lugares mais próximos às figuras centrais da sociedade e até compravam títulos de nobreza. Cá entre nós, qual é mesmo a diferença entre um barão, um duque, um conde ou um plebeu? Mas era preciso ostentar. Os rapazes carregavam consigo os títulos e as moçoilas

---

* Para saber mais a respeito da história da etiqueta, leia o texto de Ana Celeste Franco, disponível em: <http://www.orm.com.br/stile/interna/default.asp?codigo=285514>.

tinham seus dotes – o que as diferenciavam umas das outras – conforme a quantidade de bens acumulada pela família.

Mais um grande salto na história e chegamos à contemporaneidade. **Cerimonial**, hoje, é tido como a rigorosa observância de formalidades em cerimônias, ou seja, o conjunto das formalidades seguidas nas solenidades. **Protocolo**, por sua vez, é a ordem de conduta dos representantes de governos em ocasiões solenes. Pode-se dizer, portanto, que o protocolo é a aplicação prática do cerimonial.

O curioso é que essas normas têm sido levadas dos ambientes oficiais para o ambiente das empresas e até para o familiar. A necessidade de organizar, estabelecer uma sequência lógica para os acontecimentos, listar prioridades e colocar as pessoas em ordem (de importância?!) nas solenidades é que tornou natural a adoção das regras, que antes serviam apenas para o setor público e oficial. Hoje é comum vermos cerimonialistas em casamentos, formaturas, bailes de debutantes e outras cerimônias familiares, mas também é comum encontrarmos esses profissionais em solenidades de empresas. Eles organizam o evento, fazem os roteiros, dizem como devem ser feitos os discursos, em que ordem devem ser citadas as autoridades etc. Enfim, são integrantes de uma profissão que surgiu por causa da correria do dia a dia moderno, mas que hoje se faz necessária para o sucesso das cerimônias.

No entanto, é preciso salientar que, por mais importante que seja estabelecer essas pequenas regras que devem ser seguidas para que as solenidades empresariais não sejam um acumulado de gafes, elas devem ter como principal objetivo aproximar as pessoas, e não, como era tão comum na Idade Média, tornar alguns "iguais" mais "iguais" do que os outros.

1.2 Para que serve a etiqueta?

Foi-se o tempo em que etiqueta era considerada coisa de gente esnobe, resumindo-se em saber como usar os talheres corretos ou sentar-se com as pernas viradinhas para o lado, como as misses.

Por mais que algumas dessas coisas ainda sejam importantes em dadas situações, hoje fala-se mais em *etiqueta profissional*: a busca da harmonia nas relações de trabalho.

Como dito anteriormente, *etiqueta* nada mais é do que o conjunto de pequenas regras: não são normas rígidas, mas orientações sociais que nos ajudam a ficar mais sintonizados com as pessoas nos mais diferentes ambientes em que atuamos. São dicas passadas entre pessoas para a boa convivência entre atendentes e clientes, patrões e empregados, colegas, fornecedores e parceiros. Para o uso de muitas dessas regras, basta aplicar o bom senso. Mas nem sempre é tão simples distinguir entre o que é e o que não é de bom tom, o que pode causar mal-estar no trabalho ou até mesmo o que pode ofender e provocar grandes confusões.

Por exemplo: Quem é que nunca cometeu uma gafe, falou algo em hora errada e depois ficou com aquela sensação de que havia perdido uma oportunidade de ficar quieto? Aquela impressão de que, por mais que você tente consertar o que falou, só vai piorar a situação?

Pessoas que gostam de contar piadas, colocar apelidos nos outros e fazer brincadeiras repetidamente são as que mais correm riscos de criar situações constrangedoras. É preciso pensar muitas vezes antes de contar uma piada de cunho preconceituoso, que possa ser interpretada como uma ação de desrespeito ou que destoe em ambientes muito sérios – nossos interlocutores podem ficar constrangidos se forem pegos de surpresa. Entretanto, brincadeiras bem humoradas podem ajudar muito a quebrar o gelo em algumas situações.

É claro que todo mundo prefere conviver com pessoas bem humoradas, mas aqueles que contam piadas e fazem brincadeiras a todo instante podem se tornar indelicados e inconvenientes. Mas, novamente, o bom senso pode nos ajudar a pensar antes de falar – e assumir apenas pequenos riscos calculados!

1.3 Etiqueta social

Da mesma forma que temos definido a etiqueta como um todo, as regras de **etiqueta social** têm o mesmo princípio de estabelecer normas de conduta para a boa convivência entre as pessoas. Mais especificamente, são os preceitos que indicam como devemos agir nas diversas situações sociais (festas, comemorações e celebrações) e definem boas maneiras em restaurantes, encontros formais com pessoas consideradas importantes na sociedade ou, até mesmo, em velórios e enterros.

Em *Eficiente e elegante*, Fábio Arruda (2008) lembra detalhes importantes da etiqueta cotidiana, que são de simples adoção e fazem a diferença entre as pessoas educadas e as grosseiras. Um dos aspectos importantes abordados pelo especialista é em relação às chamadas *regras de precedência*. Por exemplo: Em que ordem devemos apresentar as pessoas?

Segundo Arruda (2008), no âmbito social, as pessoas de mais idade devem ser apresentadas primeiramente. Já nos ambientes profissionais essa ordem deve seguir a hierarquia: as pessoas de cargos mais altos devem ser apresentadas antes das outras. E entre o cliente e o chefe? O cliente sempre em primeiro lugar!

Outra orientação importante trazida por Arruda (2008) é em relação ao **traje**, especialmente nas ocasiões sociais. Antes de pensar se está correto utilizar traje esporte, esporte fino, passeio completo ou gala, é importante que a pessoa se sinta confortável nas roupas e nos calçados que vai usar, do contrário, não conseguirá ficar à vontade. Isso se aplica especialmente a mulheres, quando usam saias curtas ou roupas muito justas, ou a homens com calças justas, por exemplo.

Para a noite, as mulheres devem optar sempre por bolsas pequenas. As grandes – que devem estar sempre bem organizadas – só devem ser usadas durante o dia, nos ambientes de trabalho. As chamadas *meias finas*, de *nylon*, que dão um refinamento ao visual, são muito frágeis e desfiam com facilidade. Por isso, é recomendável sempre ter um par extra por perto. Os calçados – femininos e masculinos – devem estar sempre impecáveis. Mulheres devem evitar saias curtas e decotes profundos, que vulgarizam o visual.

Para os homens, a principal recomendação é a discrição. Meias devem combinar com os sapatos. A altura da barra da calça deve alcançar o peito do pé, na frente, e o começo do sapato, na parte de trás. O colarinho das camisas merece atenção: não deve estar apertado, nem sobrando, mas estar ajustado ao pescoço. O punho da camisa deve ultrapassar um pouco o comprimento da manga do paletó. O cinto deve se harmonizar com a cor do calçado (não é necessário que sejam da mesma cor, mas devem combinar – evitar preto com marrom, por exemplo).

Arruda (2008) afirma que não existe traje "esporte fino", sendo tal expressão apenas uma invencionice para designar um traje não muito formal. No entanto, se você ver escrito em um convite de festa que o traje é esporte fino, deverá se vestir de maneira elegante, e não com um *training* ou roupas de ir para a academia.

Para as mulheres, pode ser considerado **traje esporte** um *jeans* clássico, sem brilhos, estampas ou apliques; bem como camisas ou calças coloridas, desde que bem combinadas. Vestidos leves (que significam *descontraídos*, e não propriamente esportivos) também são considerados uma boa opção. Sapatos podem ser baixos, com ou sem salto. Acessórios um pouco mais chamativos também podem ser usados, desde que com cautela.

Para os homens, pode-se dispensar o paletó, e a camisa – sem gravata – pode estar dobrada até os cotovelos. Camisas de mangas curtas não são recomendáveis. No calor, a preferência deve ser pelas camisas polo.

O chamado **traje passeio**, segundo Arruda (2008), é um pouco mais formal, com tecidos mais nobres. Para o dia, a melhor opção é por cores mais claras. À noite, o ideal são cores escuras. Acessórios devem ser discretos. Para os homens, o paletó ganha espaço, mas a gravata ainda é opcional. Detalhes importantes para se usar o paletó: golas sempre para dentro, o último botão sempre aberto e, ao sentar-se, deve-se abrir todo o paletó. Camisas brancas ou em tons de azul-claro são as mais fáceis de combinar. Ternos claros não devem ser utilizados à noite. Camisas estampadas ou de cores fortes raramente ficam bem. Com traje passeio, o calçado deve ser social.

Já o que se chama **traje passeio completo** é ainda um pouco mais formal. Mulheres podem usar brilho à noite. *Tailleurs* e terninhos são as roupas ideais para esse estilo. Quando houver rendas, estampas ou bordados, colares não devem ser utilizados. Saltos altos e bolsas pequenas são indicados e joias chamativas só devem ser usadas em ocasiões especiais.

Para os homens, o paletó e a gravata são indispensáveis no traje passeio completo. Ternos ou costumes em tons de cinza-escuro e azul-marinho são os mais elegantes. A gravata deve terminar na altura do cinto.

O **traje a rigor**, ou *black tie*, é o mais formal, e deve ser usado apenas para solenidades comemorativas formais. Para as mulheres, o mais correto é optar pelos vestidos longos. Vestidos longuetes até são permitidos, mas o risco de erro é maior. Xales, *pashminas* e echarpes são bem-vindos. Para os homens, o correto é usar *smoking*, e as opções coloridas não são indicadas.

Por fim, o **traje de gala** é de utilização rara: casaca (paletó curto na frente e longo atrás) para o homem, com gravata borboleta branca. O fraque (conjunto de três peças, com calças em tons de cinza-escuro e listras pretas, colete preto ou cinza e paletó cinza, curto ou comprido com abas) é uma variação desse traje, mas praticamente só é utilizado em casamentos, por noivos e padrinhos.

1.4 Etiqueta à mesa

Saber como se portar à mesa é uma necessidade, tanto para as situações profissionais quanto para o dia a dia. Atitudes firmes e certeiras podem fazer a diferença e tornar a sua presença agradável com os mais diferentes grupos de pessoas.

a) Se você tiver de escolher o local para a refeição em um restaurante, opte por um local tranquilo, bem iluminado e não muito movimentado, para que se possa conversar discretamente.

b) Evite cozinhas regionais, a menos que tenha certeza de que seu convidado aprova a culinária ou está disposto a experimentar. Alimentos muito temperados, com condimentos diferentes do que se usa no dia a dia, podem provocar constrangimentos ou mesmo mal-estar.

c) Faça a reserva de mesa para evitar o constrangimento de ter que esperar por uma vaga.

d) Por elegância, quem convida deve chegar com antecedência.

e) Escolha um lugar visível, para ser facilmente identificado ou encontrado por seu convidado.

f) Evite "beliscar" entradas antes da chegada do seu convidado.

g) O lugar mais importante é à direita do anfitrião. Normalmente, é o lugar reservado a convidados ilustres, mais velhos ou que se queira homenagear na ocasião.

h) Se você não for o anfitrião, não se sinta obrigado a aceitar a sugestão de cardápio de quem o convidou, mas se for recusar, faça-o com delicadeza.

i) Evite deixar o convidado comendo sozinho.

j) Esteja concentrado nas pessoas que estão com você, e não com o olhar disperso por todo o restaurante.

k) Evite começar a comer antes do anfitrião.

l) Não se deve partir todo o alimento (carnes, principalmente) antes de comer. Corte cada pedaço que for comer.

m) Caroços de azeitona devem ser retirados da boca com as mãos, mas de forma discreta. Da mesma forma deve-se proceder com as espinhas de peixe.

n) Antigamente, somente o anfitrião deveria se comunicar com o garçom, mas hoje essa regra está em desuso.

o) Se um talher ou guardanapo cair, está feita a polêmica! Arruda (2008) diz que não se deve juntar o guardanapo, pois o gesto se torna muito brusco e chama a atenção. Ele deve ficar no chão até que um garçom o retire. Já Gloria Kalil (2004), em *Chic(érrimo)*, é mais informal, indicando que se deve simplesmente pegar o objeto de forma discreta.

p) Evite usar palitos de dente. Faça a assepsia dos dentes reservadamente, nos toaletes.

q) Pode-se, sim, levar o que sobrou para casa, sejam alimentos ou vinho.

r) Guardanapo de pano deve ser colocado no colo. Pendurado ao pescoço, só se o prato for uma macarronada suculenta.

s) O pão deve ser partido à mão, sem o uso de faca para cortar. As saladas de folhas também não devem ser cortadas – elas devem ser dobradas.

1.5 Etiqueta profissional ou corporativa

Por sua vez, a **etiqueta profissional ou corporativa** rege as normas de conduta para o mercado corporativo, os ambientes profissionais.

De maneira geral, as orientações são parecidas com as da etiqueta social: deve-se, sempre, primar pela discrição e elegância. O que há de diferente é que elas precisam, por vezes, ser adaptadas aos ambientes de trabalho. No decorrer deste livro, abordaremos diversas situações em que há orientações específicas, por exemplo: dicas de utilização das novas tecnologias e redes sociais, como falar ao telefone, como se vestir para diferentes situações profissionais e como se portar em confraternizações, congressos, reuniões e encontros profissionais.

Síntese

Neste capítulo, vimos algumas noções básicas e conceitos do que é etiqueta, bem como as diferenças entre etiqueta social e etiqueta profissional ou corporativa. Em termos gerais, lembramos que a etiqueta é criada na sociedade para que as pessoas possam seguir pequenas regras de convivência. Se não fossem essas regras – flexíveis e não rígidas –, a vida em sociedade seria, por vezes, confusa, conturbada e mesmo desconfortável. Basta pensar nas regras mais simples de etiqueta, como não mastigar com a boca aberta. Não é extremamente desagradável comer ao lado de quem não tem esse mínimo cuidado? E outro exemplo: usar roupas formais em situações formais. O elemento visual da roupa é o que diferencia uma situação corriqueira da solenidade.

A etiqueta social rege as situações solenes de encontros de pessoas, como comemorações festivas, solenes ou mesmo constritas, como um velório. Já a etiqueta profissional ou corporativa rege os comportamentos desejáveis nas mais diversas situações dos ambientes de trabalho. Por sua vez, cerimonial e protocolo são regras um pouco mais rígidas para as situações mais solenes, tanto na vida social quanto na corporativa.

Para saber mais

A GUERRA do fogo. Direção: Jean-Jacques Annaud. EUA: International Cinema Corporation (ICC), 1981. 100 min.

Para ilustrar como as regras de conduta se impõem sobre o ser humano desde os tempos mais remotos, sugerimos que você assista ao filme *A guerra do fogo*, dirigido por Jean-Jacques Annaud. O filme, de 1981, retrata uma sociedade pré-histórica, antes mesmo do estabelecimento de uma linguagem entre uma comunidade de hominídeos. Mesmo assim, é possível perceber elementos como liderança, organização social e solidariedade, alguns dos temas que regem, até hoje, as normas de conduta social.

Questões para revisão

1. Qual a importância de se criar regras de etiqueta social?
2. E as regras de etiqueta corporativa, para que são importantes?
3. Considere as seguintes sentenças e assinale (V) para verdadeiro e (F) para falso:
   ( ) O ser humano cria regras de convivência desde que se iniciou o processo de civilização. O objetivo é deixar clara a hierarquia e não permitir ascensão social.
   ( ) A etiqueta social existe desde a Idade Média e é fundamental para estabelecer em que lugares a realeza, a nobreza e os plebeus devem se colocar à mesa.
   ( ) A etiqueta corporativa é um conjunto de pequenas normas de convivência para os ambientes e as situações profissionais.
   ( ) A etiqueta, tanto social quanto corporativa, serve para facilitar a convivência entre as pessoas.
4. Considere as seguintes alternativas e assinale a alternativa correta:
   (a) Na etiqueta à mesa, o correto é usar o palito de dentes somente em situações muito discretas, quando ninguém estiver olhando.
   (b) O anfitrião deve ser o último a começar a comer.
   (c) O pão deve ser sempre partido com as mãos, sem a utilização de facas.
   (d) Os caroços de azeitona devem ser retirados discretamente da boca, com o auxílio do garfo ou de uma colher.
5. Assinale a única alternativa correta:
   (a) Etiqueta é um conjunto de regras e normas rígidas, sem as quais seria impossível os seres humanos se desenvolverem.
   (b) Etiqueta social é um conjunto de regras, previstas em legislação pertinente, para que as classes sociais se relacionem de maneira adequada.
   (c) Etiqueta social é um conjunto de regras – a maioria apenas tácitas, não formalizadas – para que a convivência entre as pessoas flua com mais harmonia.

(d) Etiqueta profissional ou corporativa é um conjunto de regras e normas para celebrações e solenidades protocolares.

Questão para reflexão

As regras de etiqueta servem para estabelecer normas de conduta social. Reflita a respeito da importância dessas normas. Por que, em sua opinião, tantas regras de conduta são desrespeitadas? E por que a observação dessas regras muitas vezes ainda é vista como arrogância ou esnobismo?

Estudo de caso

Para percebermos o quanto a etiqueta está presente em nossas vidas – muitas vezes até sem que possamos nos dar conta disso –, vamos lembrar aqui algumas situações envolvendo regras rígidas de convivência no regime monárquico, do Reino Unido.

O bailarino brasileiro Thiago Soares[*] é talvez mais conhecido no exterior do que no Brasil. Natural de São Gonçalo, no Rio de Janeiro, ele se dedicou tanto na dança que, depois de ter estudado técnicas circenses e *street dance*, ganhou uma bolsa de estudos para iniciar seus passos na dança clássica. Ganhou prêmios na França, na Rússia e hoje é bailarino oficial do *Royal Ballet* de Londres, na Inglaterra. Em entrevistas que concedeu quando esteve visitando o Brasil, o bailarino relatou uma gafe inesquecível que cometeu quando a Rainha Elizabeth foi acompanhar um espetáculo da companhia e, depois da apresentação, quis conhecer o grupo. Ao chegar diante da rainha (depois de ter sido rapidamente instruído com algumas regras de protocolo real), estendeu-lhe a mão e disse: "Hi!" ("Oi!"). No mesmo instante, ele lembrou que não poderia se dirigir assim à majestade... mas

---

[*] Para saber mais sobre o bailarino Thiago Soares, sugerimos a leitura do texto feito pela professora Marlene Salgado de Oliveira (2012), disponível em: <http://www.osaogoncalo.com.br/recado+da+professora/2012/9/27/44862/um+salto+de+s%C3%A3o+gon%C3%A7alo+para+o+mundo>.

a rainha reagiu de forma simpática e devolveu o cumprimento com um sorriso.

Na mesma linha, podemos lembrar o casamento do Príncipe William, hoje Duque de Cambridge, com Kate Middleton. A cerimônia teve quase a mesma repercussão daquele que foi considerado o de maior *glamour*, o casamento dos pais de William, o Príncipe Charles com a Princesa Diana. Mas a então plebeia Kate Middleton teve de aprender e se adaptar a centenas de regras de cerimonial e protocolo para passar a integrar a família real.

A primeira dessas regras está já no nome. Em vez de assumir o título de princesa, como muitos podiam supor, ela passou a ser duquesa, chamada de *Sua Alteza Real*. Segundo as normas da corte, ela não poderia receber o título de princesa por não ter nascido na Família Real*. O título de duque (dado a William) é um dos mais altos da hierarquia da nobreza, abaixo somente de reis e príncipes, e acima de marquês, conde, visconde e barão, nessa ordem.

As regras a serem cumpridas pela duquesa são diversas, desde cores e modelos de roupas para quando aparecer em público até a distância que deve manter do marido, sempre andando alguns passos atrás dele. Mesmo assim, o casal se envolveu em polêmica quando, em férias, a Duquesa Kate foi fotografada fazendo *topless* (sem a parte de cima do biquíni) e, em seguida, sem a parte de baixo da roupa de banho. Como vemos, algumas regras são feitas para, às vezes, serem descumpridas.

---

* Porém, como algumas regras têm exceções, mesmo não sendo da Família Real, a Princesa Diana recebeu esse título quando, na manhã do seu casamento, Charles recebeu o título de príncipe, nomeado por sua mãe, a rainha.

2 Conduta profissional: ética e etiqueta

Conteúdos do capítulo

» Noções de ética profissional.
» Conduta profissional.
» Convivência entre pessoas.
» Noções de *marketing* pessoal.
» A importância do nome profissional.
» Boa educação: regras simples muitas vezes esquecidas.
» "Coopetição": competição com colaboração.

Após o estudo deste capítulo, você será capaz de:

1. compreender o comportamento ideal em diversas situações profissionais;
2. refletir a respeito da conduta profissional e ética;
3. refletir a respeito da convivência entre colegas de trabalho, clientes, fornecedores, chefes etc.;
4. trabalhar bem seu próprio *marketing* pessoal;
5. refletir sobre a força do seu nome no mercado de trabalho;
6. refletir sobre seu perfil profissional e seu comportamento nos diferentes ambientes de trabalho;
7. relembrar regras simples de boa educação;
8. refletir sobre o novo conceito de *"coopetição"* – competição com colaboração.

Nas últimas décadas, as relações sociais e profissionais têm sido cada vez menos formais. As empresas sentem essa mudança e também mostram resultados dessa informalização crescente: ambientes mais confortáveis, comunicados em linguagem mais descontraída e hierarquia reduzida são alguns exemplos da menor formalidade no âmbito corporativo. No entanto, por mais que seja mais agradável conviver em ambientes descontraídos, isso não representa necessariamente uma facilidade. Muitas vezes, o que acontece é exatamente o contrário: surgem dúvidas sobre o que vestir, como chamar o chefe ("senhor" ou "você"?), ou como dar uma ordem ou pedir um favor. Na informalidade, há mais opções e, portanto, mais chances de erro.

Quando se trabalha em uma empresa que consegue criar um clima de descontração e informalidade, é preciso tomar cuidados especiais. É comum pessoas confundirem liberdade com permissividade. Liberdade para conversar sobre amenidades em horários em que não haja muito trabalho não significa permissividade para que se façam brincadeiras jocosas ou constrangedoras. Liberdade para chamar o chefe ou mesmo o patrão de "você" não significa intimidade com ele.

Paradoxalmente, há empresas que ainda primam fortemente por manter uma hierarquia rígida e regras de conduta profissional mais rigorosas. É preciso saber "ler" esses ambientes para poder agir de acordo com eles, sem provocar desarmonia, constrangimento ou desconforto.

2.1 Ética e etiqueta: tudo a ver!

> Usar de boa etiqueta também é promover um ambiente de confiança entre as pessoas.

Em uma determinada ocasião, tive a oportunidade de entrevistar a polêmica e reticente Danuza Leão – autora, entre outras publicações, do livro *Na sala com Danuza* (2007). O que mais me chamou a atenção na conversa com a jornalista e escritora foi a visão humana e simples da autora em relação ao controverso tema *etiqueta*.

Danusa afirmou que a etiqueta nada tem a ver com normas sem sentido que só servem para criar e salientar hierarquias, distanciando as pessoas. Foi-se o tempo em que se ensinava que as regras de etiqueta eram apenas saber qual o talher certo para cada prato, quem deve estender a mão por primeiro para cumprimentar ou como se deve cruzar as pernas ao sentar. Em uma época tão marcada por traições políticas e institucionais, Danuza lembrou o quanto as palavras *etiqueta* e *ética* são parecidas. Para ela, deveríamos ver a etiqueta como a "pequena ética". Portanto, a etiqueta seria, na visão da jornalista, a ética aplicada ao dia a dia, às atividades rotineiras. A etiqueta serviria, assim, para se promover um ambiente harmônico, sem disputas injustas, sem "tapetão", sem fofocas.

Vamos aplicar esse raciocínio às situações profissionais. Claro que é importante analisarmos o ambiente para escolher a roupa certa, o corte de cabelo ideal e até o tom de voz adequado para interagir com outras pessoas. Mas muito mais importante do que isso – e certamente com muito mais resultado! – é sabermos criar um ambiente agradável e de confiança. É fazer, por exemplo, com que o cliente perceba no vendedor um parceiro, e não se sinta acuado com cada intervenção durante a conversa. É promover, nesse caso, uma verdadeira negociação ganha-ganha, em que o acontecimento da venda não seja apenas um momento, mas a coroação de um relacionamento – que não começa e não termina na venda.

Ter etiqueta, então, é agir com bom senso e naturalidade, respeito e segurança, transparência e honestidade. E isso, ao final das contas, mostra também que as dicas de conduta, roupas, cortes de cabelo e acessórios para o ambiente de trabalho – que chamamos de *etiqueta profissional* – são, no fundo, ferramentas para a criação de um ambiente harmônico, que facilite a boa convivência e a comunicação entre as pessoas.

Se é importante analisarmos e pensarmos sobre a melhor aparência para a composição de um bom perfil profissional, é igualmente necessário – ou até mais – refletirmos sobre o comportamento profissional no dia a dia. Todos enfrentamos conflitos éticos que podem resultar em dúvidas sobre como agir em cada situação no cotidiano profissional.

Saber agir em diferentes situações é sinal de profissionalismo. Conseguir promover um ambiente de confiança entre as pessoas não é considerado uma das coisas mais fáceis no local de trabalho, mas o bom profissional é aquele que consegue fazer com que os colegas sintam-se bem na sua presença.

Além das situações éticas, há questões pragmáticas que também ajudam a construir um bom profissional, como o cumprimento de horários, a proatividade, a determinação e a disponibilidade. Esses são alguns pontos que serão abordados neste capítulo.

2.2 A etiqueta corporativa no cotidiano de trabalho

Todas as empresas têm regras que devem ser cumpridas para o bom andamento dos trabalhos. Nem sempre elas são explícitas ou explicadas ao colaborador quando ele começa a trabalhar na organização. Pelo contrário, a maioria das empresas têm normas tácitas, que vão se formando e consolidando ao longo do tempo, até mesmo sem que as pessoas se deem conta disso.

Por isso, cabe ao profissional saber interpretar bem o ambiente de trabalho para agir em conformidade com ele. Com um pouco de perspicácia, é possível perceber como é o ambiente e como devemos agir nele. Há empresas sisudas e formais em que não é de bom tom fazer brincadeiras, falar muito alto ou gargalhar sonoramente. Há outras mais descontraídas em que é desejável um comportamento mais desenvolto, natural e bem-humorado.

2.2.1 O ambiente de trabalho

Entre as regras empresariais estão a política da organização e as normas de confidencialidade.

Dependendo do seu cargo, pode acontecer de você ser informado sobre algo confidencial de sua empresa. Sua ética profissional deverá fazer com que você trate do assunto com o sigilo que lhe foi pedido, sem comentar com colegas – ou mesmo em casa – sobre tais assuntos.

Por outro lado, é certo que, quanto maior o grau de transparência em uma organização, mais sólida ela tende a ser. Portanto, no que depender de você, tente incentivar o fluxo de informações dentro da empresa. Sem ferir sigilos necessários, exercite a transparência no trato das informações da organização – onde há informação, não há espaço para a proliferação da indústria do boato e da fofoca.

A fofoca pode ser extremamente prejudicial em uma empresa, pois coloca as pessoas umas contra as outras e cria um clima de desconfiança geral. Normalmente as pessoas que têm o hábito de repassar fofocas não são vistas como confiáveis e todos temem ser alvo de suas conversas e histórias, nem sempre exatas ou verdadeiras.

2.2.2 Boas maneiras

O fato de as empresas estarem se tornando cada vez mais informais não significa que elas sejam tolerantes com comportamentos inadequados. O difícil é perceber o que é e o que não é adequado dentro da flexibilidade da informalidade.

Nos ambientes mais descontraídos, as pessoas podem adotar comportamentos mais soltos e não é necessário agir com sisudez. Sem dúvida, é nos ambientes mais descontraídos onde há mais espaço para uma convivência agradável com os colegas, em tom amistoso e bem-humorado. Todo mundo prefere conviver com pessoas "de bem com a vida" do que com aquelas que carregam uma carga negativa por onde passam.

É claro que um ambiente de amizade seja o ideal para que o trabalho flua bem. No entanto, sabemos que isso é utopia. Não temos a obrigação de gostar de todas as pessoas que trabalham conosco. Porém, gostando ou não gostando, temos a obrigação profissional de criar um ambiente de cordialidade e cooperação, sem incentivar a competitividade exacerbada, que leva as pessoas a quererem derrubar o outro para poderem crescer. **Saber conviver com as diferenças também é profissionalismo.**

Se vivemos em uma sociedade competitiva e não temos como fugir disso, devemos tentar promover um clima de competição sadia, combinada com a cooperação. O mundo dos negócios já se encarregou de criar um neologismo para simbolizar esse comportamento: é a ***coopetição*** (cooperação + competição).

Nas questões práticas do dia a dia, esse comportamento se revela no profissional que cumpre seus horários e suas tarefas sem prejudicar o trabalho dos colegas – e, se possível, ajudando para o bom andamento de toda a equipe.

Na construção do bom perfil profissional, busca-se desenvolver uma boa comunicação. O tom de voz deve ser seguro e firme, mas não autoritário. O vocabulário deve ser simples, porém, tanto quanto possível, correto. A linguagem deve ser coloquial, mas não vulgar. Ao mesmo tempo em que se deve evitar estrangeirismos, linguajar muito técnico ou expressões pernósticas, deve-se primar pela simplicidade, dentro da correção gramatical.

Proatividade é uma palavra que está em alta no mundo corporativo. Entende-se por *proativo* o profissional que tem determinação e que não espera ser demandado para desenvolver uma atividade. Ele tem iniciativa e age de forma segura, antecipando-se a eventuais problemas e adotando atitudes firmes. Sua atitude é oposta à do profissional chamado *reativo* – aquele que apenas responde aos chamados e reage às situações depois que elas se instalam.

No entanto, proatividade não deve ser confundida com bajulação. Ninguém gosta de profissionais que querem agradar o tempo todo e que bajulam os chefes em busca de reconhecimento ou recompensa – nem patrões, nem chefes, muito menos colegas. Fazer apenas o que o chefe espera que seja feito não é ser proativo, é ser bajulador.

O bom profissional faz seu *marketing* pessoal de forma discreta, sem buscar se sobressair a qualquer custo. Age com naturalidade, com a certeza de que o reconhecimento virá no momento certo, da maneira correta.

2.2.3 Mais dicas para a boa convivência

Quem tem filhos certamente os ensinou as chamadas *palavrinhas mágicas*. "Pegamos no pé" das crianças para que elas as adotem. Mas, infelizmente, muitas delas esquecem tais palavras quando crescem.

Essas expressões ajudam, e muito, a construir um ambiente agradável no trabalho. Pessoas que não cumprimentam os colegas ao chegar e que saem sem se despedir passam a impressão de estarem "de mal com o mundo".

Profissionais que não sabem reconhecer os seus próprios erros e pedir perdão por eles não constroem uma imagem de confiança e credibilidade. Pedir perdão é uma atitude nobre, desde que venha acompanhada do verdadeiro reconhecimento de um erro e da disposição de não se errar mais.

Mesmo sendo obrigação de uma pessoa fazer determinada tarefa, ela a fará de bom grado se pedirmos "por favor", e se, ao final, agradecermos pela dedicação. Impor tarefas sem pedir "por favor" e sem agradecer é agir de forma autoritária, às vezes até tirana.

Um bom termômetro para se medir o comprometimento do profissional com seu ambiente de trabalho e seu coleguismo é observar seu comportamento em relação à hora do cafezinho ou do lanche. Nos horários de intervalo é que as pessoas demonstram como são na realidade. Se seu colega deixa a xícara suja para que a auxiliar de limpeza se encarregue de lavar ou a cozinha toda bagunçada, é provável que não seja um colega afável, pois não coopera com a limpeza e o asseio do local de trabalho.

2.2.4 Nosso Macunaíma é um *workaholic*: o comportamento no trabalho

> Pesquisa internacional aponta que o brasileiro é um dos mais "engajados" do mundo nas atividades profissionais.

Sabe aquele velho estigma de que o trabalhador brasileiro faz corpo mole, aquele preconceito arraigado na nossa cultura de dizer que não somos chegados ao trabalho, de que somos preguiçosos, meio Macunaíma (o personagem preguiçoso, o anti-herói brasileiro criado por Mário de Andrade)? Pois essas ideias já foram cientificamente enterradas. Uma pesquisa da consultoria estadunidense Towers Perrin (2007, p. 18) indica que, entre 18 países pesquisados, o Brasil figurou como um dos campeões em "engajamento profissional".

A pesquisa mostra que o brasileiro se dedica "de corpo e alma" ao seu trabalho – como já apontavam há anos sociólogos sérios e pensadores que reconhecem a força de vontade e a garra dos tupiniquins. Em outras palavras, pode-se concluir que, se muitos por aqui não trabalham, é porque ainda faltam muitos postos de emprego formal e não porque o brasileiro não gosta de trabalhar, como alguns ainda insistem em dizer.

De todos os 18 países pesquisados, o Brasil ficou atrás apenas do México no *ranking* de engajamento com as obrigações profissionais. A mesma pesquisa indicou que 37% dos funcionários de empresas brasileiras dão 100% de si ao trabalho, enquanto a média mundial ficou em 21%. Já os menos comprometidos, de acordo com a publicação, são os trabalhadores do continente asiático.

Se olharmos apenas os números desse *ranking* de engajamento, é claro que ficamos com uma pontinha de orgulho, estufamos o peito e pensamos: "Tá vendo? Eu já sabia! Somos mesmo um povo honesto e trabalhador!". Mas essa pesquisa permite também uma análise um pouco mais pessimista, um reconhecimento do que antigamente chamávamos de "nossa condição de subdesenvolvidos".

O grau de envolvimento do trabalhador com as atividades profissionais foi avaliado em três frentes: a racional (o quanto ele pensa no trabalho), a emocional (o quanto se envolve emocionalmente na atividade) e a motivacional (o "agir" no trabalho). Então, pensemos juntos: Se o trabalhador afirma se dar 100% ao trabalho, que espaço sobra para a dedicação ao lazer, à família, aos amigos, ao estudo? Que tempo ele tem para pensar?

Empresas modernas e países avançados já perceberam que o trabalhador ideal não é o que se dedica 100% ao trabalho, mas o que sabe dosar com inteligência sua dedicação e responsabilidade em todas as áreas de sua condição humana. Nos cursos de Administração, por exemplo, já virou até lugar-comum citar empresas como a 3M, que permite ao trabalhador usar um quinto de seu tempo (um dia inteiro por semana) para pensar. E não é que a empresa seja boazinha, não. É que os dirigentes perceberam que este é o caminho para a inovação. Eles veem, na prática, que produtos como o genial *Post it*® surgem somente quando o trabalhador deixa a atividade mecânica e se dá ao luxo de pensar.

2.3 Até que ponto devemos competir?

Quantas vezes, em sua formação profissional, você ouviu dizer que precisava ser competitivo? Inúmeras, certamente. Aliás, até mesmo as crianças, desde a primeira escola, aprendem que, atualmente, devem ser competitivas. Isso é uma grande verdade – afinal, se não formos assim, não conseguiremos espaço no acirrado mercado de trabalho que nos cerca.

Porém, esse pensamento comumente leva as pessoas a um comportamento profissional equivocado e injusto – o de competir o tempo todo, com todos, sem medir esforços para crescer profissionalmente. As pessoas tendem a querer, a todo tempo, superar as metas atingidas pelo colega, o sucesso alcançado pelo amigo, o auge atingido por algum conhecido. É claro que esse comportamento é desagregador. Gera ciúme, fofoca, intrigas e trapaças no ambiente de trabalho. Se almejamos o cargo do nosso chefe, provavelmente torcemos para ele cair. E isso, obviamente, não é cordial.

Todo mundo quer crescer profissionalmente e essa ambição é muito saudável. Um profissional acomodado para de aprender, deixa de se dedicar e acaba por regredir. O ideal é conseguirmos ser profissionais competentes, dedicados e interessados, para que possamos crescer a partir de nossa determinação, mas não como resultados de armações injustas.

Certa vez me deparei com um provérbio que provoca profundas reflexões a respeito dessa tal competitividade: "Nobre não é ser melhor do que o outro. Nobre é ser melhor do que eu era antes". Ou seja, em vez de querer sempre ultrapassar o outro, o ideal seria querermos ultrapassar nossos próprios limites.

Aí está uma boa forma de alimentarmos nossa própria competitividade. Melhorar sempre, dedicar-se de maneira apaixonada às atividades do trabalho, aprender mais e mais a cada dia. Certamente uma conduta assim ajudará a construir, em cada um de nós, profissionais melhores e, sim, mais competitivos. Mas sem humilhar ou pisar em qualquer semelhante.

2.4 Tudo vai bem se você está bem: a importância da autoestima

Elevar a autoestima, acredite, pode dar bons resultados em vendas.

Volta e meia a velha máxima volta à tona: A primeira impressão é a que fica! Portanto, o vendedor deve sempre ter em mente a ideia de causar boas impressões no cliente. Mas, para que isso aconteça, é preciso, antes de tudo, que ele esteja se sentindo bem de verdade, já que a linguagem não verbal denuncia falsos sorrisos ou gestos forçados de simpatia não genuína.

Ninguém engole mais a figura do vendedor sempre sorridente, falando alto e sem parar, enaltecendo inúmeras qualidades do seu produto em um discurso decorado que não dá sequer chance de reflexão ou intervenção do cliente. Para ser simpático, repito, é imprescindível sentir-se bem. Mas, se você não está nos melhores dias ou se a maré não anda muito favorável ao seu barquinho, também não dá para cruzar os braços e ficar esperando que tudo melhore. Então, mãos à obra!

Autoestima é o conceito e o sentimento que nutrimos em relação a nós mesmos. Nem sempre ela está elevada, é claro. Mas nós podemos dar uma forcinha. É possível melhorar a autoestima quando ela anda meio baixa. Você pode, por exemplo, caprichar na aparência física. Aliás, já está comprovado por pesquisas que isso é o que as pessoas analisam em primeiro lugar quando encontram um interlocutor. Portanto, nada de deixar o baixo astral invadir o seu bom gosto na hora de escolher a roupa, fazer a barba, pentear os cabelos ou escolher um acessório. Além do mais, se o sorriso vai estar abalado nesse dia, é melhor fazer com que as pessoas prestem atenção ao seu visual.

Você também não pode deixar o mau humor afetar sua capacidade de comunicação. Convenhamos, você não precisa necessariamente sorrir para ser simpático: pode ser amável, prestar atenção no que diz o seu cliente, olhar nos olhos enquanto fala – cuidando para não ter um olhar demasiadamente penetrante para não ser agressivo –, manter uma conversa inteligente sobre assuntos agradáveis etc.

Adoto para mim uma prática que, acredito, pode ser útil para você também. Quando não tenho ânimo para me arrumar bem antes de um dia de trabalho, penso se meus colegas ou clientes merecem toda a carga negativa que eu passaria com um visual desleixado. Assim, acaba sendo uma questão de respeito – e até de carinho – para com os outros a opção de escolher uma roupa adequada, de caprichar nos acessórios, no cabelo e na maquiagem.

Alguns outros hábitos ajudam a manter a autoestima elevada ou a reerguê-la quando ela está abalada. Procure, por exemplo, gostar da imagem que você vê refletida no espelho. Se está alguns quilinhos acima, pense a curto e a médio prazo. De imediato, use roupas que harmonizem suas medidas. A médio prazo, é bom apostar nos exercícios físicos e na educação alimentar.

Identifique suas qualidades, e não apenas os defeitos. Trate - a si mesmo e aos outros - com mais carinho.

E o bom disso tudo é o retorno, muito mais rápido do que se pode imaginar. Quando apostamos em melhorar o "eu" que apresentamos aos outros, o efeito positivo é enorme em nós mesmos. Pensando em fazer o bem aos outros, o mais beneficiado será você, pois aquela autoestima que estava abalada será "pilhada" rapidamente. E quer saber mais? As vendas também podem melhorar, porque a recepção positiva da sua imagem e da sua presença, com certeza, abre portas.

2.5 A tortura do aviso prévio: é possível – e necessário! – manter o profissionalismo

> Mais importante do que causar uma boa impressão ao iniciar um emprego é deixar um bom rastro de profissionalismo ao se desligar de uma empresa.

Não importa se você foi demitido ou se pediu demissão. Nos dois casos, manter a dedicação nos fatídicos dias de aviso prévio é um desafio a que a grande maioria dos trabalhadores não está preparada. Convenhamos, como é que você vai chegar sorrindo, trabalhar com afinco, se sabe que dali a alguns dias seu lugar não será mais ali?

É claro que o profissional demitido de uma empresa tem mais motivos para se desmotivar do que aquele que pediu demissão. A pessoa que é desligada tem, normalmente, o orgulho ferido, e é difícil trabalhar com disposição quando se sabe que, de repente, seu trabalho não é mais necessário, desejado ou possível.

Mas, mesmo quando é o próprio profissional quem pede demissão, o sentimento também é de "desaceleração". Afinal, algum motivo levou a pessoa a querer sair da empresa: um novo emprego, um salário melhor, o desejo de empreender ou algum desacordo com a empresa atual. Tudo isso traz a vontade de que o doloroso período do aviso prévio passe logo. Consequentemente, a tendência é de baixa do rendimento no trabalho.

É fácil dizer que o profissionalismo deve estar acima dessas questões de desmotivação ou desânimo no trabalho. Levar o otimismo, a garra e a dedicação para a prática nos dias da "reta final", no entanto, não é assim tão simples. Nessas horas, o profissional deve tentar, com todas as forças, manter a boa vontade, o sorriso e a disposição por um simples motivo: plantar boas sementes para o futuro.

Mais importante do que causar uma boa impressão quando se ingressa em um novo emprego é deixar uma marca forte quando se desliga desse trabalho. É nos dias que antecedem a despedida que devemos deixar gravadas na empresa nossa imagem e postura profissional. Se trabalharmos com falta de vontade, a marca será a falta de profissionalismo. Se, ao contrário, demonstrarmos garra, colegas, chefes e patrões irão se lembrar de nossa competência.

Conseguir, por exemplo, uma boa carta de recomendação do antigo emprego ou mesmo um programa de *coaching* e recolocação financiado pela empresa que está desligando o profissional são exemplos de reconhecimento que podem facilitar a entrada em um novo emprego. Mas isso é possível apenas para os profissionais que deixam bons rastros por onde passam.

2.6 O boi bravo e a vaca

Pedagogos, psicólogos e educadores vivem dizendo que o ser humano aprende mais com os exemplos do que com as palavras. Pensando nisso, sempre procuro citar histórias reais de situações profissionais que, acredito, podem nos ensinar muito sobre o que fazer – e o que não fazer – no relacionamento com clientes, fornecedores, colegas e chefes. Uma dessas histórias curiosas me fez pensar o quanto temos de "engolir sapos" e contar até 10 (ou até 1.000) antes de dar uma resposta "atravessada" em um momento de estresse.

A funcionária de um supermercado contou que, quando trabalhava como atendente na padaria da empresa, teve um desentendimento com uma cliente que mudou de ideia quatro vezes antes de decidir levar apenas um pãozinho francês.

— Me dá aqueles dois. Não, aqueles ali, mais moreninhos. Melhor, me veja esses ali... Mas acho que vou levar só um...

Nesse momento, reconhecendo que não tem sangue de barata, a atendente deu um suspiro e atendeu mais uma vez o que a cliente pedia. Percebendo o suspiro de descontentamento, a cliente comentou, nervosa:

— Sabia que você parece um boi bravo bufando desse jeito?
— E a senhora parece uma vaca.
— Como é que é?
— Se a senhora diz que eu pareço um boi, eu posso dizer que a senhora parece uma vaca...
— Mas isso é um absurdo. Vou falar com o seu gerente. Como é seu nome?

Rose, já arrependida - mas não a ponto de pedir desculpas - e na certeza de que estava prestes a perder o emprego, mostrou o crachá. A cliente saiu, pisando duro. Rose ficou esperando ser chamada pelo chefe para ser despedida. No entanto, o final do dia chegou e o gerente não a chamou para a conversa derradeira. Os dias se passaram e nada aconteceu. A cliente deveria ter desistido de denunciá-la.

Passados vários meses desde o acontecido, Rose foi promovida para outro setor do supermercado. Um belo dia, ela estava atendendo um a um os clientes de uma longa fila quando foi surpreendida por uma mulher:

— Você não trabalhava na padaria?
— Sim.
— Está lembrada de mim?
— Não, senhora.
— Eu sou aquela cliente que uma vez chamou você de boi bravo e você respondeu me chamando de vaca, lembra?

Rose corou: — Eu quero lhe pedir desculpas por aquele dia.

E a cliente respondeu: — Eu é que devo te pedir desculpas. Eu não estava em um bom dia e acabei descontando minha raiva em você. Mas hoje estou aqui, analisando desde que eu estava lá atrás na fila, e estou vendo como você atende bem, de forma sorridente, a todos os clientes.

Rose ficou espantada com a atitude da cliente. E não era para menos. Se no dia a dia, no relacionamento com as pessoas que gostamos, já é difícil alguém pedir desculpas, imagine em uma situação assim, em que as duas estavam erradas. E, pior: em que Rose, como atendente, deveria ter atendido prontamente e sem demonstrar descontentamento com as incertezas da cliente.

O que podemos concluir dessa história? Todos sabemos que, no atendimento ao cliente, enfrentamos situações difíceis, constrangedoras e que nos fazem ferver o sangue. Mas a verdade é que, se a cliente estava nervosa, Rose não poderia ter demonstrado qualquer descontentamento, quanto mais responder a uma provocação. Poderia ter perdido o emprego, sim, e a empresa teria razão se a dispensasse. Teve mais sorte do que juízo! Ou, em outras palavras: se as duas erraram, o erro de Rose foi ainda mais grave.

2.7 Quando falar e quando calar: preconceitos

Provérbios, ditos populares e frases feitas podem ser clichês, mas ensinam muito sobre quando é melhor permanecer calado ao invés de abrir a boca e deixar escapar grandes gafes. Veja só alguns exemplos:

» Quando falares, cuida para que tuas palavras sejam melhores que o silêncio.
» Em boca fechada não entra mosquito.
» É melhor ficar quieto e deixar que pensem que você é um idiota do que abrir a boca e não deixar dúvida alguma disso.

Uma das situações em que quase sempre é melhor ficar calado é quando bate aquela vontade de fazer uma brincadeira, ser espirituoso, fazer piada a respeito de uma situação ou de uma frase que alguém tenha dito. Quando a brincadeira dá certo, o momento fica realmente mágico, solto, descontraído; mas quando a "sacada de momento" bate na trave, o constrangimento que se cria no ambiente é incalculável, capaz de quebrar a harmonia de qualquer confraternização.

É claro que todo mundo prefere estar em companhia de pessoas bem-humoradas, simpáticas e sorridentes do que ter que conviver com os carrancudos. Mas todo mundo também já teve a desagradável experiência de enfrentar constrangimentos ao lado daquelas pessoas que querem fazer brincadeira com todos, que contam piadas nos momentos mais inadequados e que sempre se acham no direito de zombar dos que estão por perto. A linha entre ser brincalhão e inconveniente é muito tênue. O risco de provocar desconfortos – para dizer o mínimo – simplesmente para querer "quebrar o gelo" é muito grande, e na maioria das vezes, não vale a pena.

Quando toquei nesse assunto em um curso de etiqueta profissional, há pouco tempo, um vendedor afirmou que se obrigava a concordar com essa tese e que, infelizmente, tinha aprendido a lição com um grande "mico", daqueles que simplesmente não se consegue consertar. Reproduzo a seguir a história que ele contou.

Paulo era vendedor em uma cidade grande e atendia todo o estado. Um dia, foi visitar um cliente, dono de um comércio, que morava em uma cidade pequena, distante do centro urbano, e precisou ficar hospedado no hotel da cidade. Marcou um encontro com o cliente no próprio hotel. Estavam jantando quando passou uma bela morena, o que fez Paulo cometer a primeira gafe:

— Ô, bicho bom... – comentou com o cliente, apontando para a moça. – Fico aqui pensando que dizem que existem sete mulheres para cada homem. Eu ainda estou procurando as outras seis, porque só tenho uma...

O cliente não respondeu, apenas sorriu. Logo em seguida, um rapaz de aparência afeminada passou perto dos dois. Paulo, mais uma vez, não se conteve:

— Veja só... A gente aqui falando da maravilha da natureza, mulheres bonitas, gostosas... e me passa uma aberração dessas. Uma bicha. Isso para mim é falta de pulso dos pais, falta de ter levado umas palmadas quando era criança...

Aí, sim, o cliente se espantou:

— Você tem preconceito contra homossexuais?

Paulo começou a perceber que poderia ter entrado em terreno arenoso:

— Não, não tenho preconceito, não. Tenho vários amigos *gays*, mas o meu negócio é outro...

E o cliente arrematou:

— Vou te contar uma história. Eu sou um militar aposentado, fui criado em uma família muito rígida, tradicional. Também achava que homossexualismo era aberração, um absurdo. Até que um dia o meu filho mais velho me chamou para uma conversa e me contou que era *gay*. Meu mundo caiu, fiquei sem chão. Mas ele também me disse que, como o meu sonho era ter um neto, ele me realizaria, teria um filho. Muito tempo se passou desde então. O meu filho hoje é um grande amigo. E aquele rapazinho que passou por nós é o meu neto, que também é *gay*. Por isso, discordo quando você diz que isso é falta de pulso dos pais, porque eu até tive muito pulso...

E agora? Como consertar o comentário? Lembrando mais um provérbio: "Há três coisas que não voltam atrás: a flecha atirada, a pedra lançada e a palavra proferida". Ou, como se diz por aqui, "fica pior a emenda do que o soneto". E aquele que "perde o amigo, mas não perde a piada" acaba perdendo tudo mesmo. Inclusive a oportunidade de ficar calado.

2.8 A primeira impressão

Certamente você já ouviu e usou a expressão "A primeira impressão é a que fica". Essa é uma das maiores verdades a respeito do comportamento humano. Com raríssimas exceções, as pessoas fazem juízos de valor umas das outras a partir do primeiro momento em que se veem.

Se, ao sermos apresentados a uma pessoa, simpatizarmos de imediato com ela, é provável que continuemos simpatizando *ad infinitum*, mesmo que ela cometa alguns pequenos deslizes comportamentais. O contrário também é verdadeiro: se, à primeira vista, tivermos uma reação de antipatia à pessoa que nos foi apresentada, dificilmente mudaremos de opinião em relação a ela, mesmo que ela se mostre bacana. É como se aquele anjinho ou diabinho mental dissessem a todo o momento: "Não se iluda! Fulano é má pessoa" ou "Ele não fez por mal, no fundo é gente boa!".

É claro que, nesse julgamento, corremos o risco de cometer injustiças e rotular pessoas de forma equivocada. Portanto, devemos tentar evitar esse julgamento rápido. Por outro lado, sabendo que vamos ser julgados pelos interlocutores, devemos investir no bom comportamento para tentar sempre causar a melhor primeira impressão possível. É como diz um ditado popular: "Não temos uma segunda chance para causar uma boa primeira impressão". A primeira é só a primeira e dificilmente mudará, a menos que algo muito marcante ocorra.

Portanto, tente não julgar, mas saiba que será julgado e, por isso, esforce-se para que as pessoas aceitem a sua presença com simpatia.

2.9 Gestos que falam

> O aperto de mãos pode ajudar ou atrapalhar o fechamento de um negócio.

A sabedoria popular ensina que a primeira impressão é a que fica. E para que o primeiro contato que estabelecemos com alguém possa trazer bons frutos, precisamos planejá-lo com cuidado. Um passo importante é lapidar a nossa linguagem corporal. A maneira como nos portamos em público, como nos vestimos, os nossos gestos, olhares e sorrisos revelam muito sobre a nossa personalidade.

Uma boa linguagem corporal pode abrir portas, inclusive no mundo dos negócios. O momento do aperto de mãos, a forma mais usual de cumprimentar as pessoas, é definitivo para a construção da impressão que os outros farão de nós. Ele pode ser marcante, selando o início de um relacionamento franco; indiferente, postergando a chance que teríamos de causar uma boa impressão; ou, pior, construir, por si só, uma imagem ruim, difícil de ser consertada.

O aperto de mãos é tão importante para causar uma boa impressão que Dimitrius e Mazzarella (2001), no livro *Começando com o pé direito*, destinam oito páginas para descrever o que acontece nesse momento. O aperto de mãos simboliza amizade e paz, "mão aberta e desarmada" (BBC, 2007, tradução nossa). Ele pode representar confiança, credibilidade, sinceridade e amabilidade – ou o contrário de tudo isso!

Quando alguém aperta muito forte a mão do interlocutor, pode passar uma imagem de querer dominar a situação, ser egoísta ou mesmo não confiável. Já os apertos de mão fracos e frouxos evocam a insegurança, o desinteresse e o retraimento. Os desajeitados, com movimentos bruscos ao segurar a mão do outro, passam a imagem de nervosismo, falta de habilidade social.

Na hora de cumprimentar alguém com um aperto de mãos, a palma de sua mão deve descansar contra a palma da mão do outro. O espaço entre o seu polegar e o seu indicador deve tocar o mesmo espaço da mão do outro. Seus dedos devem curvar-se suavemente contra a mão do seu interlocutor. O momento também favorece um breve contato visual, que transmite segurança, confiabilidade e simpatia.

O aperto de mãos é, portanto, uma oportunidade única de criarmos empatia com o outro, um vínculo emocional evocado a partir de um contato breve, porém íntimo o suficiente para ser marcante.

2.10 Diga adeus aos chicletes!

Arrisco dizer que até Ana Hickmann ficaria feia mascando chiclete. Esse é um dos hábitos mais deselegantes da atualidade. Uma pessoa que mastiga o tempo todo não tem como parecer bonita ou charmosa. Aliás, pelo contrário: os mais distraídos podem parecer vacas ruminando! Mesmo os mais discretos se denunciam quando estão mascando chiclete, por mais que tentem disfarçar.

Tanto nas aulas na faculdade quanto nos meus cursos de Oratória e *Media training*, é comum os alunos irem para o palco ou para a frente da sala para apresentar um trabalho com chicletes na boca. Quanto mais eles tentam disfarçar, mais explícito fica. Sabe aquela ideia genial de deixar o chiclete embaixo da língua, sem mexer? Não funciona! Ele vai escorregando, saindo do lugar, até o momento em que você precisa ajeitá-lo... e aí todo mundo o vê.

O que fazer, então, quando a boca fica seca e com gosto ruim? Se estiver em público, é melhor beber água ou comer alguma coisa. Se estiver sozinho, mas bem sozinho mesmo, aí tudo bem... pode ser um chiclete.

2.11 *Marketing* pessoal

Em uma sociedade em que as pessoas precisam se destacar – às vezes até por questão de sobrevivência em um mercado tão competitivo –, muito tem se falado sobre *marketing* pessoal. O conceito comum é de que devemos saber mostrar aos nossos pares profissionalismo, competência e outras qualidades.

De fato, há muitos profissionais com excelentes qualidades técnicas e habilidades profissionais específicas que não conseguem se destacar nos ambientes de trabalho ou sequer conquistam uma boa colocação profissional porque não conseguem demonstrar sua competência. Não podemos esperar que o mundo nos descubra! Precisamos descobrir as melhores formas de contar aos outros o que podemos fazer e quão bem podemos desenvolver atividades profissionais em nossas ocupações.

Porém, muitos estudiosos da questão, professores e palestrantes têm confundido o que seja o *marketing* pessoal. Fazer bem o seu *marketing* pessoal nada tem a ver com "enfeitar" o seu currículo, colocando habilidades que você não tenha de fato (a maioria das pessoas que diz ser fluente em inglês, por exemplo, não tem a menor desenvoltura com essa língua), usando fontes exóticas para a escrita ficar mais chamativa ou mesmo imprimir seu currículo em folhas coloridas para que ele desperte mais atenção de quem estiver responsável pela seleção.

Fazer um bom *marketing* pessoal não é apenas vestir-se bem, falar de maneira firme e gesticular com segurança. Tudo isso é importante, mas de nada vai adiantar se a pessoa for vazia de conteúdo. É como um produto colocado no mercado: a embalagem é importante, mas o produto precisa ser também muito bom para ter boa aceitação.

O profissional que faz bem o seu *marketing* pessoal consegue se sobressair sem humilhar ninguém, de maneira discreta e chamando a atenção para as suas reais habilidades e qualidades profissionais. Isso nada tem a ver com uma prática – errada! – comum no mercado: salientar as qualidades e esconder as eventuais falhas. Não! As falhas devem ser trabalhadas e colocadas como pontos a serem melhorados em nosso perfil profissional. Podem ser até admitidas em uma entrevista de emprego, por exemplo, com dignidade e sem fragilizar a pessoa.

Em resumo, o *marketing* pessoal não vai salvar um mau profissional, mas a falta dele pode prejudicar um bom profissional. Pense nisso!

2.12 Como comparar estilos diferentes

> Premiar pessoas por se destacarem em determinada área pode ser uma atitude ao mesmo tempo louvável e perigosa.

Antes de ser jornalista, consultora e palestrante, experimentei ser cantora. Estudei música lírica e adorava também cantar MPB, nossa maravilhosa Música Popular Brasileira. Mas quando eu participava de festivais e concursos de intérpretes, uma coisa sempre me deixou intrigada: Como eram escolhidos os vencedores, já que normalmente os concorrentes eram todos de altíssimo nível, mas cantavam os mais diversos estilos? Como comparar um excelente cantor de boleros com um de axé, pagode ou samba, se todos eram bons?

Outro dia vivi uma situação parecida no mundo acadêmico. Fui participar de uma seleção em um concurso para professores. Eram sete candidatos para apenas uma vaga. Alguns critérios da seleção eram bastante objetivos, como a prova de títulos. Quem tinha doutorado, publicações, experiência profissional e magistério, somava mais pontos. Mas os outros critérios tinham grande parcela de subjetividade, especialmente a prova didática. Os candidatos tinham de fazer uma aula sobre um mesmo tema, mas cada um realizou uma abordagem diferente, uma interpretação própria do assunto. E o resultado foi que alguns dos sete foram muito bem. Mais uma vez, a inquietação: Como compará-los por meio de amostras tão diferentes?

Essa mesma situação acontece entre as equipes de vendas. A estratégia de premiar os que se destacam nas suas áreas é comum e normalmente serve de impulso positivo para que todos lutem para cumprir as metas mais ousadas. Mas, às vezes, nos deparamos com grandes talentos que brilham de forma diferente. Se premiamos apenas um deles, em vez de motivar o outro, plantamos nele um sentimento de que, por mais que se esforce, nunca estará bom o suficiente.

E já que nosso assunto aqui é a comunicação, pensei em algumas dicas para deixar o processo de premiação o mais objetivo e claro possível:

1. Certifique-se de que toda a equipe sabe da premiação, dos critérios de avaliação e das metas que terá de cumprir para alcançar o objetivo proposto. A comunicação deve ser muito clara.

2. Faça o possível para que a premiação seja para todo o grupo envolvido no processo vitorioso. Infelizmente, é comum premiar-se apenas a "linha de frente", deixando de lado pessoas importantíssimas no processo.

3. Certifique-se de que todos os profissionais têm as mesmas chances de vitória.

Faça um processo justo e democrático. Dessa forma, todos sairão ganhando: a empresa, por ter uma equipe verdadeiramente engajada; a equipe toda, por ter sempre uma meta satisfatória a ser cumprida; e o premiado, por ter sido reconhecido.

2.13 Seu nome é a sua marca

Mesmo quem não tem um nome forte "de batismo" deve adotar um, para ser bem lembrado no mercado.

Você já ouviu falar na atriz Arlete Pinheiro Esteves da Silva? E do ator Antônio Carvalho Barbosa Ramos? Com esses nomes, possivelmente não, mas se falarmos em Fernanda Montenegro e Tony Ramos, todo mundo vai lembrar. Entre artistas, atletas, jornalistas e até políticos, adotar um nome com mais apelo é uma prática comum. Com as devidas ressalvas, profissionais das mais diversas áreas deveriam também pensar em um **nome artístico** um **nome profissional**, ou ainda – por que não? – um **nome-marca**.

Há pessoas, por exemplo, que são muito mais conhecidas por apelidos do que por seus nomes. Desde que o apelido não seja pejorativo e não fragilize a imagem profissional, não há problema em adotá-lo como seu nome-marca. Aliás, o próprio presidente da República fez isso quando oficializou o "Lula" nos seus documentos. Os que relutam em admitir o apelido como nome profissional acabam tendo que explicar várias vezes o próprio nome. Tenho uma irmã, por exemplo, que tem um nome complicado – Joslaine – mas sempre foi conhecida como *Nani*. Ela é psicóloga e atua bastante como palestrante. Eu vivo insistindo que ela deveria adotar o *Nani Paintinger* como nome-marca, mas ela ainda está resistindo. Só que, cada vez que alguém vê o nome dela, fica se perguntando "Quem será a Joslaine?" e, depois das explicações, o comentário é sempre o mesmo: "Ah! A Nani!". Então, poderia ser encurtado o caminho.

Quem tem nomes diferentes, como aqueles inventados com a soma do nome do pai e da mãe, ou enfeitados com letras duplas, y, w e outras peculiaridades, nomes estrangeiros escritos de forma abrasileirada ou sons estranhos, deve pensar especialmente em criar um nome-marca. Imagine, por exemplo, criar um *e-mail* com um nome complicado na grafia.

Mas é claro que a estranheza tem exceções. Outro dia conheci um rapaz com um nome diferente do comum, mas que fez uma defesa tão apaixonada do próprio nome quando se apresentou para o grupo (ele foi meu aluno em um curso de comunicação), que o *marketing* pessoal já ficou bem encaminhado.

2.13.1 Um nome, um sobrenome!

De maneira geral, quase sempre podemos adotar nosso próprio nome de batismo, com pequenas adaptações. Um nome e um sobrenome sonoros e sem muitas complicações bastam para compor um nome forte. Nomes compostos, claro, podem comportar um sobrenome também (como Ana Paula Padrão, Maria Fernanda Cândido e Fernando Henrique Cardoso). Eu mesma não tive muitos problemas para pensar no nome que ia adotar, porque tenho apenas um nome e um sobrenome "de batismo". Mas aí começa outro caminho longo: ter um nome é fácil, é preciso **fazer o nome**! E, nisso, eu estou só começando...

2.14 Liderança é uma virtude!

Confesso que fico extremamente incomodada com os assuntos que, eventualmente, entram e saem da moda no mundo dos negócios. São estrangeirismos desnecessários, clichês, jargões, erros gramaticais que se consagram e modelos de gestão que prometem resolver todos os problemas de uma empresa com um toque mágico, como o de Midas*.

Um desses grandes temas é a *liderança*. De um tempo para cá, inúmeras obras e centenas de autores têm dado receitas – boas e más – de como ser um bom líder. Por isso, quando fui acompanhar uma palestra sobre este tema, já fiquei meio desconfiada do que iria encontrar pela frente, já que eu não conhecia o palestrante, Mário Sérgio Cortella (2008). Felizmente, foi uma gratíssima surpresa.

Primeiramente, não me perdoei por até então não conhecê-lo, apesar de trabalhar com palestras e magistério superior: Cortella é filósofo, mestre e doutor em Educação, com mais de 30 anos de experiência em magistério e palestras. Depois, desfrutei a palestra palavra por palavra, absorvendo o máximo possível de todo o conhecimento mostrado de maneira tão clara e com tanto bom humor pelo professor. Cortella conseguiu falar de um tema tão "batido" de maneira clara, mesclando futebol, etimologia, filosofia e até noções de gestão.

Correndo todos os riscos da simplificação, arrisco-me a expor um breve resumo do que foi falado na palestra *A arte de liderar: cinco competências essenciais*. O primeiro alerta de Cortella (2008) foi de que a liderança não é um dom, mas uma virtude, e que, portanto, pode ser desenvolvida, trabalhada e aprimorada por

---

* Um dos mitos atribuídos ao Rei Midas é o de que ele transformava em ouro tudo o que tocava.

todos. O palestrante lembrou que liderança é a capacidade de inspirar, animar (que etimologicamente significa "encher de vida") e motivar alguém a fazer algo. Por isso, ninguém é líder o tempo todo. Exercemos liderança em alguns momentos e em determinados assuntos. Liderança, portanto, é diferente de chefia, não é um cargo, uma função. Liderar é algo circunstancial, como bem lembrou Cortella.

Para sistematizar a explanação, o palestrante lembrou que a liderança deve se exercer em cinco competências essenciais:

1. **Abrir a mente**: Devemos ver com humildade ("Humildade é diferente de subserviência", alerta Cortella, 2008) que vivemos em um mundo de rápidas mudanças. E, mais do que isso, devemos estar preparados para essas mudanças.

2. **Elevar a equipe**: O bom líder é aquele que quer fazer toda a equipe crescer conjuntamente. Aquele que cresce à custa dos outros é oportunista, e não líder.

3. **Inovar a obra**: Como vivemos em um mundo de rápidas mudanças, temos de inovar, aprender a fazer melhor e de outro modo.

4. **Recriar o espírito**: Seriedade não é sinônimo de tristeza. É preciso encarar o trabalho com seriedade, mas também com leveza, compromisso e alegria.

5. **Empreender o futuro**: O verdadeiro líder, segundo Cortella (2008), é aquele que consegue vislumbrar o futuro e direcionar para lá suas ações, em vez de simplesmente "consertar o presente".

Em poucos parágrafos fica difícil, é claro, resumir um tema tão rico. Mais difícil ainda seria tentar replicar a linguagem rica e bem-humorada de Cortella. Por isso, melhor do que prolongar essa tentativa de resumo, é sugerir a leitura de um de seus livros:

> **Para saber mais**
> CORTELLA, M. S. **Qual é a tua obra?** Inquietações propositivas sobre gestão, liderança e ética. São Paulo: Vozes, 2009.

2.15 Reunião: tempo perdido ou encontro necessário?

Qual é a primeira coisa que lhe vem à mente quando alguém avisa que você está convocado – ou sutilmente convidado – para uma reunião de trabalho? Para a grande maioria das pessoas, reunião é sinônimo de encontro em que se discute, discute... e nada fica resolvido. É assim entre estudantes, políticos, profissionais das mais diversas áreas e, é claro, entre equipes de vendas. Mas é possível fazer reuniões produtivas, em que a objetividade impere e as soluções sejam devidamente discutidas e apontadas. Basta atentarmos para alguns detalhes:

1. **Pauta**: Toda reunião deve girar em torno de tópicos principais. O ideal é que os convocados saibam de antemão os assuntos do encontro. Dependendo dos temas a serem tratados ou do grau de formalidade da empresa, essa pauta poderá variar entre uma linguagem mais rígida ou mais solta, mas é sempre bom que as pessoas possam se programar. Esse recurso pode também prever espaço para que se discutam assuntos gerais, os chamados *extrapauta*. Afinal, as reuniões também servem para "aparar as arestas" e afinar a equipe em relação ao que o grupo tenha percebido que não anda bem. Isso nos leva ao próximo tópico.

2. **Fórum de discussão**: Para que serve uma reunião? Para que seja feita a comunicação oficial de assuntos internos, como normas, números, apresentação de novos colegas e, principalmente, para que os problemas sejam analisados, discutidos e resolvidos. É irritante quando uma pessoa passa o tempo todo reclamando para o chefe sobre o comportamento de um colega, ou faz reivindicações informais aos colegas, mas, chegada a hora

da reunião, fica calado. E, quando é provocado a se manifestar, diz que não tem observações a fazer. Portanto, se você tem esse costume, lembre-se de que a reunião é o fórum correto para se manifestar e apontar o que considera obstáculos ao bom andamento do trabalho. E se você é líder de equipe, lembre-se de oportunizar a todos a possibilidade de manifestação durante a reunião. Provoque. Ouça.

3. **Tempo**: Toda reunião deve ter um horário previsto para início e término. O planejamento faz com que não aconteçam aquelas reuniões intermináveis e cansativas. É claro que o tempo vai variar de acordo com o tamanho da equipe e os assuntos a serem tratados, mas, em geral, o encontro não deve durar mais que uma hora, uma hora e meia. Empresas japonesas instituíram as reuniões de 15 minutos, em que todos ficam em pé! Não precisamos chegar a tanto, mas devemos ter foco na objetividade.

4. **Respeito**: Quando éramos crianças, ouvíamos o sábio conselho: "Quando um burro fala, o outro abaixa a orelha". Mas muitos de nós esquecemos disso quando crescemos. Quando uma pessoa está falando, devemos nos calar para ouvir. As conversas paralelas são sempre ruídos ao bom fluxo de informações em uma reunião; como as equipes quase sempre são pequenas, uma conversa entre duas pessoas pode tumultuar toda a comunicação.

Pense nisso e experimente colocar essas ideias em prática. Você verá que as reuniões ficarão bem mais produtivas e, se duvidar, poderão até se tornar agradáveis.

2.16 Questões de gênero: homens e mulheres convivendo bem no ambiente de trabalho

Que é cada vez maior o número de mulheres ocupando funções antes consideradas exclusivamente masculinas não é novidade para ninguém. A área automotiva é emblemática nesse sentido. Há poucos anos era inimaginável ver uma mulher em uma oficina mecânica, por exemplo, o que hoje é bastante comum.

Assim como também tem sido comum vermos mulheres dirigindo táxis, ônibus e caminhões.

A convivência entre homens e mulheres nesses ambientes também tem sido cada vez mais harmônica, mas muita gente ainda vê com estranhamento ou fica em dúvida sobre como se portar nesses locais que, agora, são *unissex*. Mas não há segredos, como veremos. Como em tudo na vida, basta ter bom senso!

O próprio ambiente de uma oficina mecânica, por exemplo, mudou bastante de alguns anos para cá. Aquela imagem tradicional, antiga, de oficinas cheias de calendários eróticos pendurados na parede, chão sujo e peças espalhadas é cada vez mais rara. Hoje as oficinas são ambientes limpos, organizados e funcionais – isso faz com que o trabalho também aconteça de maneira mais simples e direta.

Então, como devemos nos preparar para essa nova situação? Na prática, as dicas são sempre na linha da discrição. As mulheres, especialmente, devem ter o cuidado de não sensualizar em demasia a aparência. Isso acontece quando exageramos na maquiagem, nos acessórios ou nas roupas justas e curtas. Mas, acima de tudo, devemos todos – homens e mulheres – lembrar de uma palavra que anda meio esquecida em nossos tempos modernos: *respeito*. Devemos respeitar o outro não por ser chefe ou funcionário, patrão ou empregado, homem ou mulher, mas por serem seres humanos.

2.17 O cliente que não compra também é cliente?

Há algum tempo, um leitor de minhas colunas me escreveu perguntando como deveria fazer para "dispensar logo, mas sem magoar" aquele cliente que entra na loja sem a mínima intenção de comprar, mas bisbilhota tudo, mexe, pergunta, toma tempo do vendedor. Fiquei pensando naquilo e algo me incomodava no pedido do leitor. Logo cheguei à conclusão de que o melhor não seria buscar uma forma simpática em dispensar a pessoa, mas sim encontrar a maneira correta de entender a importância daquele cliente que parece não ser cliente.

Em todas as formas de vendas existe esse tipo de cliente. Há aquele que visita uma loja de calçados, pede ao vendedor que traga dezenas de modelos para experimentar e depois fala algo como: "Vou dar mais uma olhada por aí e, se não encontrar, volto aqui". E aquele outro que quer saber diversos detalhes de vários produtos, por telefone, mas não sinaliza qualquer intenção de comprar. Existem empresas e instituições que solicitam orçamentos detalhados, por escrito, e ficam de retomar o contato "no futuro, quando a situação melhorar". Enfim, existem essas e muitas outras formas de contato que não resultam em vendas imediatamente.

E é aí que está o detalhe importante! Esses contatos podem não significar vendas em um primeiro momento, mas alguns pontos relevantes devem ser considerados nessas situações:

1. **O cliente pode realmente comprar na próxima vez.** Se aquela pessoa que experimentou pares e mais pares de calçados foi bem recebida, pode retornar. Se aquele que telefonou recebeu informações precisas e um atendimento solícito, pode efetivar a compra em breve. Se a empresa que pediu orçamentos percebeu que a resposta foi ágil e a comunicação foi positiva, o relacionamento ficou estabelecido e pode resultar em novos contatos mais frutíferos.

2. **É melhor tê-lo como amigo do que como inimigo.** Todos já ouvimos aquela máxima de que o cliente satisfeito conta para apenas uma pessoa e que o insatisfeito fala para dez, no mínimo. Os números podem ser imprecisos, mas a verdade é que notícias negativas sobre uma empresa sempre se sobrepõem às positivas. Portanto, é bom pensar que devemos ver o cliente que não compra como um "relações públicas" da nossa empresa: ou ele sairá por aí dizendo que nosso atendimento é péssimo ou, o contrário, como somos atenciosos.

2.18 Problemas existem, o importante é resolvê-los!

Errar, todo mundo erra. Mas o cliente percebe nosso profissionalismo quando nos mostramos dispostos a consertar os equívocos.

Atire a primeira pedra quem nunca errou no relacionamento com o cliente. Mal-entendidos, palavras mal colocadas, entregas equivocadas... Problemas acontecem todos os dias na nossa vida profissional, e o próprio cliente sabe disso. É claro que devemos tentar acertar sempre, mas, além disso, temos de estar prontos para resolver os problemas que certamente surgirão no caminho.

As pesquisas desenvolvidas na área de relacionamento profissional mostram que, quando há algum descontentamento com a empresa, o cliente registra muito mais a forma como a questão foi resolvida do que o problema em si. Portanto, o que ele busca não é uma empresa perfeita, que acerte sempre, porque isso é impossível, mas sim uma empresa que esteja aberta a analisar seus próprios erros, aprender com eles e resolvê-los da forma mais prestativa possível.

Foi o que aconteceu com Anne, cliente antiga de um supermercado de médio porte. Ela ficou muito chateada ao ser mal atendida por um profissional dentro da loja. Pediu informações e recebeu respostas evasivas, percebendo má vontade no profissional que a atendeu. Educadamente, procurou a gerência e relatou o ocorrido. Nesse momento, deu-se toda a magia do resgate da proximidade com a cliente. Ela precisava ser ouvida – e foi. O gerente demonstrou interesse em agradá-la, conquistar novamente sua simpatia e, assim, manter sua fidelidade.

Ao ser prestativo, ele "desarmou" a cliente, que passou de um estado de grande estresse para o de contentamento. Em pouco tempo, com uma simples conversa, o gerente mostrou à cliente que o comportamento equivocado de um colaborador não representava o padrão de atendimento da empresa e que esta, sim, estava focada em oferecer o melhor. O gerente também chamou o colaborador para uma conversa reservada e obteve dele o compromisso de melhorar o atendimento, sem deixar que problemas pessoais afetem o bom desempenho no trabalho.

2.19 As lições de Thomas Edison[*]

O inventor americano Thomas Edison (1847-1931) foi também autor de dezenas de frases de impacto citadas até hoje e que valem por verdadeiras aulas de comportamento profissional.

"Nossa maior fraqueza está em desistir. O caminho mais certo de vencer é tentar outra vez". Essas frases, que poderiam render páginas e páginas de comentários, são de Thomas Edison, o estadunidense que, entre milhares de inventos, criou a lâmpada elétrica, o gramofone e o microfone. Edison é considerado o maior inventor de todos os tempos. A ele são atribuídas mais de 1.300 patentes.

A lâmpada, por exemplo, foi resultado de inúmeras tentativas frustradas, ao que ele respondia: "Nunca falhei. Apenas descobri 10 mil maneiras que não funcionam". Edison tornou-se notável não apenas porque foi mais um estadunidense excêntrico que se dedicou a inventar coisas que muitos achavam que não teriam utilidade, mas principalmente porque foi uma pessoa visionária, persistente e que sabia aonde poderia e queria chegar.

Até hoje, Edison nos ensina o quanto é preciso persistir, especialmente naqueles momentos em que nada parece dar certo, em que o mundo parece estar contra nós. Aí é o momento de lembrar de outra frase sua: "Qualquer homem pode alcançar o êxito se dirigir seus pensamentos numa direção e insistir neles, até que aconteça alguma coisa". Quem nunca ouviu a célebre frase "Talento é 1% inspiração e 99% transpiração"? Pois é, é dele também!

---

[*] As citações indicadas nesta seção foram extraídas de Pensador.info (2013), KD Frases (2013), Bilibio (2013) e Frazz (2013).

Para quem acha que veio para a vida a passeio, que basta esperar a sorte, ele aconselha: "Aprenda a confiar em si mesmo e aprenderá o grande segredo da vida", e, de quebra, acrescenta: "Nunca fiz nada que valesse a pena por acidente; nem nenhuma de minhas invenções aconteceu por acidente; todas aconteceram por meio de muito trabalho".

Mas, para aqueles que levam a vida muito a sério, Edison lembra que o melhor caminho é descobrir o que você realmente gosta de fazer... aí a vida vira uma festa: "Nunca trabalhei um dia em minha vida — era sempre uma diversão".

Para quem pensa em desistir quando aparecem os primeiros obstáculos, o lembrete é o seguinte: "O maior elogio que ouvi em toda a minha vida de inventor foi: 'Nunca vai funcionar'". E ainda diz que, assim, poderemos até ser grandes como ele foi: "O gênio é aquele que tem uma grande paciência".

Portanto, agora é só colocarmos em prática tudo o que o inventor nos ensinou. Desejo que as palavras de Thomas Edison sejam, a partir de agora, verdadeiros mantras para você, como já estão sendo para mim.

2.20 Você não é obrigado a concordar com tudo!

> Mesmo em relações profissionais, é possível discordar até do cliente, desde que com delicadeza.

Os que têm mais de 30 anos de idade certamente deverão lembrar de um personagem humorístico feito por Jô Soares que se chamava Múcio. Ele concordava com tudo o que os seus interlocutores diziam, criando situações cômicas e, claro, embaraçosas. Os diálogos eram mais ou menos assim:

Amigo: — Você viu o último filme estrelado pelo ator X?
Múcio: — Vi, sim. Belíssimo filme!
Amigo: — Pois eu não gostei...

Múcio: — É, pensando bem, o filme em si é meio fraquinho...
Amigo: — Gostei mesmo foi da atuação do fulano.
Múcio: — É mesmo! A melhor atuação dele nos últimos anos...
Amigo: — Não! Nem tanto... No filme Y ele atuou de forma muito melhor!
Múcio: — Ah, é verdade! Naquele filme ele estava ótimo!

E por aí seguia o diálogo, sempre com Múcio tentando consertar o que tinha dito para poder concordar sempre com o amigo. Há muitas pessoas por aí agindo como o personagem. É o que apelidei de *síndrome de Múcio*. Parece que essas pessoas sentem necessidade de concordar com todos, sempre.

Na área de vendas, isso é especialmente comum, porque somos criados com aquela máxima de que "o cliente tem sempre razão". Discordar do cliente não é mesmo fácil, afinal, ele é quem faz as escolhas e nós estamos ali para servi-lo. Mas há situações em que podemos discordar, sim. Até para não passarmos pelos apertos e remendos típicos da síndrome de Múcio.

Por exemplo: quando lidamos com refutações e objeções do cliente, temos de argumentar com delicadeza até desfazer a linha de pensamento de resistência que ele apresenta. É nesse momento que deve entrar a nossa capacidade de comunicação, para conseguirmos ser agradáveis e sutis, mesmo discordando. O importante é não perder a elegância e não ser autoritário na exposição dos argumentos. Para encerrar, uma frase de Tolstoi que pode nos fazer pensar que, se temos bons produtos, serviços e argumentos para falar com o cliente, o caminho será ótimo: "Só há uma maneira de acabar com o mal: é responder-lhe com o bem".

Síntese

A conduta ética de um profissional é determinante para a sua credibilidade e, consequentemente, para o seu sucesso e destaque no mercado de trabalho. O bom profissional é aquele que consegue promover um bom clima organizacional, em que as pessoas sejam incentivadas a colaborar umas com as outras, sem traições, boatos ou fofocas. A palavra de ordem para a promoção de um bom clima organizacional é o que se passou a chamar de *coopetição* – competição com cooperação. Ou seja, admite-se que os ambientes profissionais são competitivos e isso é positivo, mas a competição deve ser saudável e em clima colaborativo.

Para saber mais

O QUARTO poder. Direção: Costa-Gravas. EUA: Warner Home Video, 1997. 115 min.

Um filme interessante que relata de forma explícita as relações éticas no ambiente profissional é *O quarto poder* (1997), dirigido por Costa-Gavras e com Dustin Hoffman e John Travolta no elenco. O filme conta a história de um repórter decadente de televisão que vê a grande chance de resgatar o seu sucesso profissional com a exploração de um drama humano: o vigia de um museu é despedido e, num ato de desespero, o repórter mantém como reféns crianças que estavam visitando esse museu. Há cenas que demonstram a falta de ética, a tentativa desesperada de aparecer, o desespero e as atitudes descontroladas de diversos profissionais. Ótimo para reflexão sobre as relações de trabalho e a realidade de mercado.

Questões para revisão

1. Em que grau a falta de ética nas relações profissionais pode prejudicar a sua atuação profissional? Relate um exemplo.

2. Qual deve ser a conduta de um profissional com um cliente que ele "sabe" que não irá comprar?

3. Analise as seguintes sentenças e assinale (V) para verdadeiro e (F) para falso:
   ( ) O cliente sempre tem razão. Mesmo que ele esteja equivocado, devemos fazer o que ele pede e atender, a qualquer custo, a sua solicitação.
   ( ) Ética no ambiente profissional é apenas cumprir a legislação.
   ( ) Liderança é a característica do profissional que está apto a assumir cargos de chefia.
   ( ) Liderança é situacional: mesmo que não tenha cargos de chefia, o profissional pode demonstrá-la em algumas atividades específicas e ser reconhecido por isso.

4. Analise as seguintes sentenças e assinale a alternativa correta:
   (a) Para que uma reunião seja bem-sucedida, os colaboradores devem ser convocados de maneira formal.
   (b) Para que uma reunião renda bons resultados, o importante é que só o líder fale e os outros colaboradores ouçam com atenção.
   (c) Para que uma reunião seja bem-sucedida, três pontos são importantes: pauta específica; horário para começar e terminar; incentivo à participação dos colegas.
   (d) Quando é convocado para uma reunião, o colaborador precisa saber que ele terá hora para chegar, mas não sabe a hora que a reunião terminará.

5. Analise as seguintes sentenças e assinale a única correta:
   (a) A sociedade é fortemente marcada pelo fato de que algumas profissões só devem ser exercidas por homens (por exemplo, atuar em oficina mecânica) e outras apenas por mulheres (por exemplo, professora de jardim de infância).
   (b) Com a ascensão da mulher no mercado de trabalho, muitas têm assumido, por engano, profissões eminentemente masculinas.
   (c) É cada vez maior o número de mulheres em funções que, antigamente, eram consideradas apenas masculinas. É possível buscar uma convivência harmônica entre homem e mulher.

(d) Quando assumem funções masculinas, as mulheres se tornam menos femininas e, por isso, abusam da sensualidade.

Questão para reflexão

A competitividade é uma das maiores características do profissional da atualidade. As empresas e a sociedade exigem que os profissionais sejam competitivos, ambiciosos, vislumbrem melhorar sempre e destacar-se perante os colegas. Até que ponto, em sua opinião, isso é positivo?

Estudo de caso

O profissional de Secretariado Executivo é um dos mais próximos da alta direção e das decisões estratégicas de uma empresa. Em casos como esses, segredos empresariais e estratégias de negócios devem ser guardados com a maior confidencialidade. Por vezes, até mesmo comentários em família podem colocar em risco algumas negociações. É, sem dúvida, uma profissão em que a conduta ética é uma das características mais visadas.

Certa vez, a secretária da diretoria de uma grande empresa soube que a organização estava sendo vendida para uma multinacional durante uma onda de fusões e aquisições. Sem perceber a importância de manter segredo a respeito do assunto até que as negociações fossem oficializadas, ela comentou o que sabia com amigos. O assunto se espalhou como na antiga brincadeira infantil do "telefone sem fio": cada pessoa que contava a notícia acrescentava um detalhe. Poucos dias depois, o caso chegou à imprensa – com informações bastante equivocadas – e provocou turbulência na economia local. Como as negociações eram mantidas em absoluto sigilo, não foi difícil descobrir de onde tinham partido os boatos, pois ela era a única que tinha tido acesso a essas informações. Resultado: a secretária perdeu o emprego e a negociação naufragou.

3 Etiqueta e comunicação

Conteúdos do capítulo

» Comunicação oral e convívio social.
» Como ser autêntico e não grosseiro.
» O que falar e como falar em cada ocasião.
» Expressão oral e otimismo.
» Gafes, más escolhas e adequação da expressão oral.
» Postura corporal e gestual.
» O outro e sua importância na comunicação pessoal.

Após a leitura deste capítulo, você será capaz de:

1. adaptar sua comunicação às situações e às pessoas envolvidas;
2. Compreender os aspectos de uma comunicação oral positiva e otimista;
3. posicionar-se melhor em relação aos outros, considerando a situação social;
4. considerar o outro como centro da preocupação da comunicação pessoal.

> Muita gente usa a sinceridade ou a autenticidade como desculpa para grosserias.

"O que eu tenho para falar, falo na cara!"; "Não douro pílula, não uso meias palavras, sou uma pessoa autêntica!"; "Se não gosto de alguém, não faço a menor questão de esconder ou disfarçar".

Quantas vezes você já ouviu frases como essas? Na verdade, elas são, na grande maioria das vezes, desculpas para esconder a falta de tato de pessoas ríspidas. Pessoas assim escondem a própria rudeza em argumentos que envolvem autenticidade ou mesmo sinceridade.

Claro que não vamos pedir que as pessoas não sejam autênticas e sinceras, que sorriam para todos e sejam hipócritas. Mas, no trato do dia a dia, é sempre possível encontrar expressões mais leves, positivas e animadoras do que frases duras, secas e amargas.

O livro *Palavras positivas, mudanças significativas*, de Hal Urban (2007), trata exatamente dessa questão: podemos dizer as mesmas coisas (ou quase as mesmas) de diferentes formas e, de preferência, com expressões positivas e motivadoras. O principal recado do livro é que "as palavras são escolhas". Podemos escolher palavras que façam as pessoas se sentirem bem e serem valorizadas.

Apenas um pequeno exemplo: no lugar de dizer "O seu trabalho foi deplorável", o chefe pode dizer "Tenho certeza de que você poderia fazer melhor. E sei que fará melhor da próxima vez". Ou seja: se precisava "dar uma bronca", ela foi dada, mas o profissional foi valorizado e teve a sua capacidade reconhecida.

As pessoas que reagem a tudo com respostas ásperas dificilmente conseguem manter bons relacionamentos – seja com amigos ou família, seja com clientes. Só fica perto delas quem precisa, porque as relações são pautadas por medo ou por imposição de autoridade. E não é isso que queremos! Buscamos relacionamentos duradouros e agradáveis para todos os lados. Que os clientes se aproximem de nós porque nossa companhia é agradável e nosso produto é bom; assim, a experiência da compra e da venda será enriquecedora para todos.

3.1 "O quê" e "como"

> Mede-se o tato e a astúcia do profissional pela maneira como ele diz as coisas – e às vezes isso pode fazer toda a diferença!

Que há diferentes maneiras de se dizer uma mesma coisa, todos nós já percebemos. Mas você já pensou em como isso é importante na vida profissional? Às vezes uma situação desfavorável pode ser revertida com uma boa comunicação por parte do profissional.

Lembra-se daquela piada em que um amigo manda um telegrama para outro que tinha ido morar em outra cidade, dizendo "Seu gato de estimação morreu!"? O rapaz ficou muito abalado, reclamou que o amigo deveria ter mais tato. Poderia, por exemplo, dizer primeiramente: "Seu gato subiu no telhado". Depois: "Seu gato escorregou do telhado". E, por fim: "Seu gato morreu!". Assim, apenas um mês depois do episódio, o amigo viajante recebe outro telegrama: "Sua mãe subiu no telhado!".

Claro que não é bem por aí, mas, se pensarmos com bom senso, perceberemos que há maneiras de comunicar no dia a dia profissional que podem representar a vitória ou o fracasso na ação.

Há pouco tempo percebi uma situação que poderia ter sido evitada se o vendedor tivesse mais tato na comunicação. Estava em um restaurante rústico, que, por sinal, servia uma ostra maravilhosa, fresquinha, "pescada" na hora que o cliente pedia. O garçom saiu com uma resposta no mínimo fraca. Perguntado sobre qual cerveja eles estavam servindo, ele disse: "Só temos a 'x'!" – com uma voz de lamento. Ele poderia ter dito a mesma coisa, com outras palavras, sem fragilizar o produto que estava vendendo, como, por exemplo: "Estamos trabalhando com a 'x'!".

O mesmo se aplica à mania que temos, muitas vezes, de utilizar os verbos no condicional. Isso prejudica toda a comunicação.

"Eu gostaria de lhe apresentar o nosso novo serviço" ou "Eu poderia levar o produto até o senhor". O ideal é passarmos mais segurança na fala, isso ajuda até a aumentar a confiança do cliente: "Eu quero apresentar o nosso novo serviço!", "Eu levo o produto até o senhor!". É muito mais firme. É um passo para o "negócio fechado!".

3.2 Falar bem é simples!

Muitas pesquisas apontam o medo de falar em público como um dos maiores do ser humano. Dizem que as pessoas têm mais medo de falar em público do que de altura, do escuro e até de encontros com pessoas desconhecidas. Mas a verdade é que, gostando ou não, todos nós precisamos, em alguns momentos, dizer algo diante de uma plateia, pequena ou grande.

E então, qual o melhor caminho para enfrentarmos esse desafio e vencermos a inibição, o nervosismo e o medo de falar em público? Não há dúvidas de que a prática é a melhor escola. Quanto mais aceitarmos o desafio da exposição e nos colocarmos à disposição para falar em situações públicas, menor será a insegurança e, portanto, melhor será a *performance*.

Devemos entender que esse desconforto é normal e até desejável. Uma pequena carga de estresse nos ajuda a manter a concentração e a valorizar a importância do planejamento e da preparação. Quanto maior a sensação de autoconfiança, menor poderá ser a responsabilidade com a necessidade de planejar a fala – e então corre-se o risco do excesso de confiança em si mesmo: sem planejar, as chances de "dar um branco" são muito maiores.

Vencido o primeiro obstáculo, que é colocar-se para falar em público, o segundo passo, portanto, é planejar bem a fala. O planejamento pode ser bastante simples, como o de uma produção textual escolar – a fala deve ter princípio, meio e fim. Uma introdução curta, para "criar o clima" a fim de expor o assunto, um desenvolvimento robusto, com toda a argumentação, e uma conclusão bastante objetiva, com um bom desfecho para a apresentação. Mesmo sendo assim, simples, muitas vezes pensamos apenas na argumentação em si, sem nos lembrarmos da introdução e, principalmente, da conclusão. Uma fala mal introduzida pode se tornar brusca. Lembre-se do ditado de que "a primeira impressão é a que fica" e esforce-se para causar uma impressão positiva.

A conclusão de uma fala também merece esmero no planejamento. Quando uma pessoa não planeja o que vai dizer ao final de sua apresentação, é comum "patinar", repetir argumentos, tornar-se reticente... e terminar com o terrível clichê "Então é isso!". A última frase deve ser impactante ao ponto de ficar ecoando nos ouvidos da plateia.

Por fim, o conteúdo de uma fala deve ser simples e adequado ao público ouvinte. Hoje é preferível uma linguagem simples e coloquial às formas mais arcaicas e pernósticas. A época dos discursos pomposos passou. Hoje, um bom orador não fala para impressionar, mas sim para ser compreendido e, algumas vezes, para encantar, emocionar ou convencer a plateia. E tudo isso é facilitado com o uso de palavras que as pessoas compreendam.

3.3 Comunicação oral

> Falar e apresentar-se bem: habilidades fundamentais para o profissional.

O "papo de vendedor" não é uma mera repetição de fórmulas de persuasão. Pelo contrário, cada vez mais o profissional de vendas precisa desenvolver novas habilidades de comunicação, que vão desde a demonstração de conhecimento profundo dos produtos e serviços que oferece até a capacidade de interagir com o cliente – o que inclui falar e ouvir bem!

O primeiro passo para uma boa comunicação na área de vendas é o **planejamento**. O profissional deve imaginar-se no momento da conversa com o cliente, prevendo as situações que poderão ocorrer. Assim, poderá estar preparado para a exposição de argumentos e também para sanar dúvidas e evitar confusões e conflitos. O planejamento inclui a análise do momento certo de exposição de cada argumento por parte do vendedor. É preciso, por exemplo, saber quanto tempo poderá durar o seu encontro com o cliente, para evitar que se estenda demais ou seja muito conciso em sua explanação.

Quanto à forma de exposição, o profissional pode seguir a regra apresentada anteriormente: tudo tem que ter começo, meio e fim. Basta lembrar-se da professora primária ensinando a fazer um bom texto. Introdução curta, desenvolvimento encorpado, conclusão breve. Na introdução é que se ganha – ou se perde! – a atenção e o interesse do cliente. Este é o momento de se apresentar, mostrar-se simpático e, delicadamente, chamar a atenção para o produto ou serviço. A introdução não deve durar mais que 15% do tempo total de sua reunião.

Em seguida, inicia-se o momento de argumentação propriamente dito. Aqui o foco central é o seu produto ou serviço. Obviamente, essa é a parte mais longa de seu encontro com o cliente e pode levar até 75% do tempo total. É nesse momento que você exercerá o seu poder de convencimento, completando o processo de encantamento do seu cliente.

Por fim, o profissional de vendas deve também planejar com cuidado como será o momento de sua despedida, para não pôr em risco todo o trabalho anterior. É primordial que a conclusão seja breve, não mais que 10% do tempo total. O erro mais comum nessa situação – e o que tem que ser evitado a qualquer custo – é prolongar a conversa depois de ter se despedido. Por mais que sua companhia seja agradável, a permanência exagerada pode criar um clima desconfortável com o cliente. Além do mais, é melhor deixar a sensação de saudade do que se arriscar a ser considerado inconveniente.

3.4 As palavras têm o poder de construir uma atmosfera de otimismo

Raras vezes nos damos conta do impacto que nossas palavras podem causar. Sem perceber, praguejamos, reclamamos de tudo e de todos e transmitimos mensagens negativas que podem afetar quem nos rodeia. Felizmente, o contrário também acontece: ao utilizarmos palavras e expressões positivas, transmitimos otimismo e criamos uma atmosfera de aceitação que se propaga em um excelente círculo virtuoso.

Qual dos dois profissionais tem mais chances de ser bem recebido: o ranzinza, que reclama de tudo, ou o otimista, que vem trazer alegria? E agora uma autocrítica sincera: Quem de nós não deixa escapar expressões de desânimo, quem não usa o ouvido do cliente para desabafar agruras, quem não reclama da empresa, do custo de vida, da violência ou da política? Qual seria a reação do cliente que, ao desabafar com o vendedor sobre um ou outro problema, ouvisse como resposta uma injeção de ânimo, uma projeção animada para o futuro? Certamente o peso das reclamações se tornaria mais leve.

Pesquisando o tema *falar para vender*, deparei-me com o livro de Urban (2007) – o qual já mencionei no início deste capítulo –, que me deu excelentes lições. O autor nos mostra que as palavras que pronunciamos são escolhas e que elas causam importante impacto em nossos interlocutores. As palavras podem ferir e ofender, mas também podem curar e restaurar vidas. Os cinco capítulos que considero mais fortes do livro apontam os seguintes tópicos:

1. As palavras de alegria celebram a vida. O autor, que fez carreira como professor, costumava fazer uma sondagem com os alunos no início de cada aula ("O que estamos celebrando hoje?") em busca de boas notícias.

2. As palavras positivas servem de estímulo aos outros e a nós mesmos. Elogios sinceros têm o poder de cativar e animar as pessoas a serem ainda melhores.

3. As palavras carinhosas aprofundam e restauram relacionamentos.

4. As palavras bondosas demonstram respeito e gratidão. Tanto a cortesia quanto as expressões rudes parecem contagiosas.

Quem é tratado com cortesia, responde com delicadeza; quem recebe tratamento rude, responde de forma áspera.

5. As palavras engraçadas fazem bem à saúde. Confesso que esse foi o capítulo que mais me fez parar para pensar. Sempre falei muito do risco da piada preconceituosa, do humor chulo, das expressões grosseiras. Mas aqui Urban (2007) fala do humor que só faz bem, da simpatia e até dos efeitos benéficos do riso para a saúde, e arremata com o humor preciso e nada ofensivo de Woody Allen, conhecido por dizer constantemente que adora rir, a não ser quando isso o faz espirrar leite pelo nariz.

3.5 Transforme as palavras negativas em positivas

> Até mesmo quando precisamos admitir uma falha ou negar uma solicitação de um cliente, podemos – e devemos – falar de maneira otimista.

Em vendas e negociações, tudo o que temos para dizer pode ser expresso de maneira positiva, enfatizando o que há de bom e não o que há de ruim em cada coisa. Isso pode até parecer óbvio, mas tenho visto muitos exemplos de expressões que deixamos escapar, sem perceber o aspecto negativo que elas representam.

Dia desses, por exemplo, um conhecido estava mostrando o *site* da pousada que acabara de inaugurar, combinando com uma turma grande uma data para passarem juntos um fim de semana no local. De repente, ele disparou: "Infelizmente, nossa estrutura não está completamente pronta...". Fiquei pensando: "Por que será que ele frisou o fato de a pousada não estar totalmente pronta, se o que ele queria era enaltecer a capacidade do local para receber a todos com conforto?". Nesse caso, ele poderia ter agido de duas maneiras diferentes para não prejudicar o contexto positivo: a primeira seria simplesmente eliminar essa frase, não dizer que a estrutura está inacabada. Será que é importante fazer essa ressalva? A segunda alternativa seria dizer algo como: "Nossa estrutura já está quase toda pronta...".

Seria uma forma de olhar o positivo, e não o negativo. Enfatizar o quanto a obra está pronta, e não o quanto está inacabada. É aquela velha história do otimista que vê o copo "meio cheio" e do pessimista que percebe o copo "meio vazio".

Perceba que, aqui, nessa forma de driblar o pequeno problema de que a pousada ainda não está pronta – apesar de estar em ótimo funcionamento –, retiramos algumas palavras e expressões importantes, como *não* e *infelizmente*. Em diversos manuais de *telemarketing*, por exemplo, a palavra *infelizmente* é considerada proibida. Nas empresas que adotam essa proibição, os operadores chegam a perder pontos na avaliação quando falam, por exemplo, "Infelizmente isso não é possível".

Expressões como essas, tão simples e comuns no dia a dia, também podem nos fazer perder pontos na avaliação contínua do mundo dos negócios.

3.6 Bom humor, piadas, gírias e palavrões

Como já frisamos, há pessoas que confundem autenticidade com grosseria, e adotam comportamentos grosseiros com a desculpa de que estão sendo autênticos – normalmente são aquelas que afirmam "não levar desaforo para casa"! Pessoas agressivas, que mal cumprimentam os colegas e dificilmente exibem um sorriso, não estão entre as mais agradáveis para se conviver em um ambiente de trabalho.

É desejável ser autêntico, claro. Mas sempre há uma maneira de dizer a verdade sem magoar, criar constrangimentos ou desconfortos. Pessoas que decidem "falar umas verdades" com o dedo em riste perdem a razão exatamente pelo fato de se exaltarem quando deveriam manter o equilíbrio.

Quem não gosta de conviver com pessoas bem humoradas? Elas elevam o astral do ambiente, descontraem, fazem todos rirem. São muito mais agradáveis do que aqueles que estão sempre "de mal com o mundo", "de cara virada", com "cara de poucos amigos".

No entanto, há (muitos) casos de pessoas tão bem humoradas, descontraídas e brincalhonas que acabam se tornando inconvenientes no ambiente de trabalho. São aquelas que colocam apelidos em todos, deixando as pessoas constrangidas, que fazem piadas desconcertantes em momentos inadequados e expressam preconceitos de forma inadvertida. Não raro, essa pessoa é evitada, deixada de lado... Todos saem quando ela se aproxima, pois temem ser vítimas de suas brincadeiras.

Brincadeira tem limite. É preciso saber o momento de parar. Percebeu que um trocadilho não soou bem, uma piada foi mal colocada ou uma frase provocou desconforto? Não insista. Tente mudar de assunto com naturalidade. Há pessoas que percebem que já ultrapassaram o limite do tolerável com suas brincadeiras e, mesmo assim, insistem e continuam.

O mesmo acontece com as piadas. Contar piadas é muito arriscado, pois tendemos a adotar um comportamento vulgar e nada condizente com a imagem profissional que pregamos. Várias piadas têm grande cunho preconceituoso. Podem ser contra *gays*, negros, judeus, mulheres, loiras, advogados, portugueses... Não existe piada "a favor", são sempre "contra", por isso sempre podem contrariar alguém.

Mesmo que eu esteja em um ambiente predominantemente masculino, por exemplo, devo evitar contar piadas machistas, contra mulheres. Os homens ali presentes têm mulheres, namoradas, mães e filhas e, portanto, podem ficar ofendidos por elas.

Há alguns temas especialmente espinhosos na sociedade contemporânea, pois estão em constantes discussões sobre preconceitos, inserção social e justiça. Por isso, devemos ter cuidados especiais quando formos tratar de assuntos como deficientes físicos, questões raciais, liberdade religiosa e opção sexual. É comum fazerem piadas contra *gays* e brincadeiras em relação a religiões, mas isso pode provocar muito mais desavenças, desconfortos e constrangimentos do que podemos imaginar.

Certa vez, um colega de trabalho apareceu com um colar de miçangas coloridas e outro, querendo brincar, perguntou: "O que é isso, conta de macumba?". E o outro respondeu: "Sim, mas nós não chamamos de macumba, e sim de Umbanda. E o nome correto é ponto de Umbanda". Criou-se um silêncio constrangedor, o colega tentou descontrair, mas o desconforto permaneceu no ambiente. Todas as religiões enfrentam preconceitos das outras, sejam as afro-brasileiras, as evangélicas tradicionais, as pentecostais, a católica, a judaica ou qualquer outra. O importante, nesses casos, é primarmos pela tolerância e respeito.

Muitos de nós já enfrentamos situações desconfortáveis por deixarmos escapar alguma brincadeira preconceituosa, como no caso do vendedor que encontra um cliente e faz comentários preconceituosos sobre homossexuais, sem saber que o filho e também o neto do cliente tinham essa orientação sexual (Capítulo 2, item 2.7). Depois de ter feito os comentários, o vendedor simplesmente não teve mais como consertar a situação. Não teve outra saída a não ser pedir desculpas.

Mas é claro que não queremos dizer com esses exemplos que não devemos descontrair e brincar com os colegas de vez em quando. Claro que devemos. Isso faz parte da construção de um ambiente agradável. No entanto, vivemos na sociedade do "politicamente correto", em que tudo o que dissermos pode ser usado contra nós. É, muitas vezes, uma sociedade hipócrita, que age com preconceitos velados, mas que prima por discursos vazios e comportamentos mornos. Temos apenas que saber a hora e a forma para brincar e descontrair, sem provocar mágoas e ressentimentos.

Estamos inseridos em uma sociedade competitiva, em que as pessoas competem até mesmo nas tragédias. Se alguém conta que está com dor de cabeça, o outro sempre tem uma dor mais aguda para comentar. Se alguém conta que bateu o carro, o outro sempre tem um acidente mais espetacular para contar. Observe e veja se isso não é até engraçado.

Essa competitividade se manifesta também quando as pessoas priorizam o "ter" em vez de o "ser". Aparelhos de telefone celular, carros e acessórios muitas vezes são objetos de competição entre pessoas que querem demonstrar ser (ter) mais do que o outro. Ou, pior ainda, querem demonstrar ser (ter) mais do que realmente são (têm). Como diz um ditado popular: "Comem frango e arrotam faisão!". São mais forma do que conteúdo.

Para sermos companhias agradáveis no nosso ambiente de trabalho, uma das características mais desejáveis e difíceis de desenvolvermos é a habilidade de saber ouvir. Quase todos nós somos péssimos ouvintes, porque essa mesma sociedade que nos impele a competir, força-nos a falar o tempo todo para impormos nossa presença. Convém uma autocrítica sincera para analisarmos até que ponto somos bons ouvintes.

Essa é uma habilidade a ser desenvolvida com treino. Quando alguém vier conversar, contar-lhe algo, volte-se inteiro para ouvir a pessoa. Largue o computador, olhe para o colega. Incentive-o a falar com a chamada "escuta ativa" – perguntas que motivam a pessoa a contar suas histórias e que demonstram interesse sincero no que ela tem a contar. Evite interromper para contar suas próprias histórias.

3.7 Fuja da gafe!

> Uma palavra mal colocada, uma piada fora de hora ou um comentário preconceituoso podem prejudicar as vendas e os relacionamentos profissionais.

Você já reparou como as pessoas públicas cometem gafes? Frases agressivas, vulgaridades, piadas fora de hora ou até bate-boca pela imprensa são comuns entre as chamadas *celebridades*. Basta folhear uma revista de fofocas ou mesmo as de informações jornalísticas para se deparar com "pérolas" ditas por pessoas de grande visibilidade.

Agora, se pessoas que estão na frente dos holofotes o tempo todo deixam escapar palavras infelizes, imagine o risco que podemos correr no dia a dia, no relacionamento com clientes, fornecedores, colegas de trabalho e amigos em geral? Frases mal colocadas podem pôr tudo a perder em uma negociação e, por isso, o cuidado deve ser permanente.

Além das piadas, temos de cuidar também com as gafes. Mais uma vez, os exemplos de pessoas públicas chamam a atenção – como o ex-Presidente dos Estados Unidos, George W. Bush, insinuando que a Rainha da Inglaterra teria mais do que 200 anos; a nossa ministra pronunciando o sonoro "relaxa e goza"; ou ainda o ex-Presidente Fernando Henrique Cardoso dizendo que aposentado é vagabundo. Mas, cá entre nós, quem não conhece alguma pessoa inconveniente, que fala palavrões e vulgaridades à mesa de um restaurante, que conta piadas "cabeludas" na frente de quem quer que seja? E mais: Quem nunca cometeu uma gafe, "pagou um mico" ou deu uma "bola fora"? Atire a primeira pedra... Mas, felizmente, é possível fugir desse constrangimento.

Fica aqui, portanto, o velho conselho de mãe: "Pense duas vezes antes de falar". Isso pode ajudar a evitar problemas e mal-entendidos e, assim, facilitar o caminho para o sucesso nas negociações.

3.8 Costume de casa vai à praça

— Estou procurando uma calça *jeans* número 42, num modelo bem tradicional, com cós alto, sem muitos bordados ou enfeites... Você tem?
— Pior é que tenho!

Pasme, mas o diálogo retratado acima é rigorosamente fiel ao que foi constatado dia desses, em uma loja conhecida. A vendedora não tem ainda grande experiência, está no início da carreira, mas já foi treinada para a função. No fundo, ela não quis dizer que **lamentava** pelo fato de ter **exatamente** o que a cliente estava procurando. Mas, como estava acostumada a usar a expressão "Pior é que...", deixou escapar essa resposta.

O exemplo é simples, mas alerta para o cuidado que devemos ter na comunicação com o cliente. Vícios de linguagem, erros de português, brincadeiras mal colocadas ou pequenas gafes, mesmo quando parecem inofensivos, podem colocar em risco o fechamento do negócio.

Expressões que demonstrem descontentamento, descaso, pressa ou falta de atenção com o cliente devem ser evitadas. A relação com o cliente é muito delicada. Se não há como prever o que o agrada e o que o desagrada, é preciso tomar cuidado nos detalhes para não errar e colocar tudo a perder. Portanto, correr riscos com uma simples frase chega a ser inadmissível.

Todos estamos sujeitos a cometer uma ou outra gafe. Quem, por exemplo, nunca perguntou "Para quando é o bebê?" para uma mulher que somente estava alguns quilos acima do normal? Mas, para evitar constrangimentos desse tipo, que são especialmente horríveis quando o assunto é venda, devemos pensar duas vezes antes de agir no impulso.

Às vezes, o melhor comentário é um simples sorrisinho simpático ou uma resposta simples e mais neutra. Para a pergunta da cliente citada no começo desta seção, bastava que a vendedora sorrisse e dissesse: "Tenho, sim". Ou, melhor ainda: "Tenho exatamente a calça que a senhora está procurando!".

Há um provérbio indiano de que gosto muito e que se encaixa nessa situação: "Quando falares, cuida para que tuas palavras sejam melhores que o silêncio".

3.9 Linguagem

> Jesus e as parábolas: uma boa técnica de comunicação!

Além de todos os ensinamentos, Jesus Cristo deixou também uma importante lição de técnica de comunicação. Muitos autores já apontaram as características de Jesus como líder, como administrador e até como psicólogo, resgatando as atitudes do Mestre narradas na Bíblia e que podem – e devem – ser adotadas para sermos pessoas melhores. Mas, além da conduta irreparável de companheiro, líder e servidor, Jesus também nos deu boas diretrizes para melhorarmos a nossa aproximação com as pessoas por meio da comunicação. A técnica que Ele utilizava para anunciar a Boa Nova é, ainda hoje, uma das mais eficientes em termos de didática: as parábolas.

Contar histórias, fazer comparações e usar metáforas ajudam no processo de identificação do público com o assunto abordado. É uma forma de as pessoas terem sua sensibilidade aguçada ao se imaginarem no papel de cada personagem da história fictícia narrada. Além disso, Jesus muitas vezes falava para plateias heterogêneas, atingindo desde as classes mais baixas e marginalizadas até os doutores da Lei e líderes religiosos. Por isso, as parábolas também eram uma maneira de "traduzir" em linguagem simples os assuntos mais diversos, tornando a mensagem clara e compreensível para todos.

Nós também, atualmente, quase sempre falamos para as mais diferentes pessoas, mesmo quando estamos em grupos pequenos. Por exemplo: entre trabalhadores de um departamento da empresa, encontramos interesses diversos, diferentes graus de instrução e estilos plurais. Por isso, é preciso encontrar uma forma de comunicação clara e inteligível para todos. Contar histórias, como as parábolas, é uma boa alternativa.

No meio corporativo, virou moda o uso de fábulas – histórias em que animais têm inteligência e linguagem semelhantes às humanas – com mensagens educativas ou motivadoras. É o caso da fábula do sapinho surdo (que diz que não devemos dar ouvido aos derrotistas); do escorpião que pica o sábio (que diz que devemos respeitar a natureza de cada um); da formiga e da cigarra (hoje em diferentes versões, a tradicional, que lembra a importância do trabalho incansável, e a moderna, que fala que devemos perseguir os nossos sonhos); e de tantas outras, que nos ajudam a transmitir mensagens importantes para o dia a dia do ambiente de trabalho.

Mas é claro que devemos ter alguns cuidados ao utilizar fábulas ou parábolas. O primeiro e mais importante é certificar-se de que a mensagem central é mesmo condizente com o assunto principal da reunião ou apresentação. O segundo cuidado é atentar para que a "moral da história" seja, de fato, compreendida pelo grupo. Por fim, é preciso cuidar para não perder a credibilidade, o que pode acontecer se escolhermos histórias demasiadamente infantis. Imagine, por exemplo, começar uma reunião de executivos dizendo: "Era uma vez um macaquinho que sabia falar...".

Quando bem utilizadas, como tantas vezes fez Jesus, elas vão direto ao foco, chegando ao coração e colocando a cabeça para pensar.

3.10 Capital humano: a não palavra

A expressão *capital humano*, consagrada na literatura de administração de empresas, especialmente nas áreas de gestão de pessoas e gestão do conhecimento, tão em voga, foi considerado a "não palavra" do ano de 2004 por linguistas e escritores alemães, que todos os anos formam um júri para escolher um neologismo considerado sem sentido. A escolha de um termo tão utilizado no mundo dos negócios leva à reflexão sobre como expressões que se sacralizam nessa área mostram-se vazias com uma análise um pouco mais profunda.

O mais curioso é que o termo, considerado por tantos como "politicamente correto" porque supõe a valorização do colaborador das organizações, foi considerado humilhante pelos linguistas. Se no mundo dos negócios a interpretação que se convencionou dar ao termo é de que o ser humano é "o maior patrimônio de uma empresa", é exatamente por isso que os linguistas alemães concluíram que o termo é negativo e pejorativo. O ser humano não é patrimônio. Não é capital. É "gente"! Esse é o alerta que se encontra nas entrelinhas da análise pitoresca dos alemães.

Se essa expressão foi considerada humilhante e sem sentido, o que dizer de outros neologismos que se cunharam no mundo dos negócios e que andam nas bocas de consultores, administradores e executivos? Anglicismos desnecessários, como *business*, quando se pode dizer "negócios" sem qualquer prejuízo, *core competences*, quando "competências essenciais" dá a ideia central do que se quer dizer, *e-commerce*, em vez de comércio eletrônico, entre tantas outras. Algumas promoções oferecem *plus* aos clientes, em vez de um brinde ou um serviço extra. Um surto de prosperidade é um *boom*, embora o ex-Presidente Lula tenha preferido chamar de "espetáculo do crescimento" (que muitos ainda estão esperando). O presidente da companhia agora é o *chairman* e o diretor geral é mais conhecido como CEO (leia-se "Ci-i-ou").

Não se trata aqui de defender o purismo da língua portuguesa. Pelo contrário, a língua tem mesmo que ser dinâmica, não estática. Se o uso não consagrasse as novas expressões, ainda estaríamos falando latim ou, no máximo, usando a palavra *geolho* no lugar de *joelho* ou *vossa mercê* em vez de *você* (aliás, "ocê" em Minas Gerais, "cê" em várias regiões do Brasil e "vc" na linguagem virtual). Mas esse dinamismo não deve ser acelerado com modismos injustificados, como muitos da área dos negócios.

Claro que se justifica o uso de muitas expressões estrangeiras quando não há similares em português ou quando soaria ainda mais pedante falar em português do que em inglês ou outra língua em que a expressão seja mais conhecida. Por isso, não se pretende defender que seja abolido o uso da palavra *e-mail* e que a partir de agora só se fale em "mensagens eletrônicas". Ou então que se promova um "toró de ideias" em reuniões de gerentes ou de publicitários, pelo fato de a expressão *brainstorming* ser estrangeira. O exagero é que deve ser combatido para que a lei do bom senso possa imperar. Uma vez uma colega apresentadora de televisão, ao perguntar se receberia ou não pauta para as entrevistas que faria em um programa, chegou ao cúmulo de dizer que preferia ser "brifada" dos assuntos antes das entrevistas.

Mas não é só o anglicismo que irrita na linguagem dos negócios. Palavras que surgem às pencas, expressões que arrombam a língua portuguesa e viram moda, entre outros despautérios. Quem não se lembra, por exemplo, do escandaloso "a nível de", que de vez em quando ainda ronda alguns discursos? E quem ousa negar que já tenha usado a palavra *onde* de forma errada, sem se referir a lugares (por exemplo: "Fiz uma carta onde escrevi palavras inglesas...")? A própria palavra *gestão*, usada inclusive neste livro, virou clichê. Inúmeros cursos de graduação e pós-graduação têm no título a palavra *gestão* nas mais curiosas áreas: Gestão de Pousadas, Gestão de Lixo Hospitalar, Gestão de Academias, Gestão de Vendas... Tantas áreas em que já se fazia gestão sem rotulação.

Amigo executivo: *a nível de* sua empresa, se os seus colaboradores têm atitudes *onde* utilizam expressões equivocadas ou desnecessárias, valorize seu *capital humano*: pense na possibilidade de um bom treinamento com um especialista em comunicação empresarial.

3.11 Palavras estrangeiras... *in* ou *out*?

Volta e meia alguém critica o uso exagerado de palavras estrangeiras no nosso vocabulário. Os mais apaixonados dizem que usar expressões de outro idioma é uma forma de mostrarmos submissão a países "dominadores". Quando essas expressões são em inglês, então, a crítica é de que os brasileiros se submetem à dominação do imperialismo estadunidense.

É claro que há traços de imposição de poder político no fato de que, em todo o mundo, há exageros no uso de expressões em inglês. Convenhamos, no chamado *mundo dos negócios*, ou *dos business*, há muito estrangeirismo desnecessário quando temos palavras com o mesmo significado na língua portuguesa, como comentei anteriormente. Até as siglas são citadas como soletradas em inglês: CEO, CIO, CFO... e assim por diante.

Não é só a linguagem dos negócios que sofre influência do inglês. Muitas gírias adotadas por tribos urbanas são diretamente adaptadas da língua da terra do tio Sam. Outras profissões são igualmente influenciadas: economistas, jornalistas, educadores, físicos etc. Podemos dizer que todos nós usamos uma ou outra expressão em inglês. Mesmo aqueles que são contra, quase sem perceber, acabam deixando escapar um "estrangeirismozinho".

As línguas são vivas e sempre estão passando por mudanças, por isso, muitas palavras estrangeiras são assimiladas em culturas diferentes. Isso não acontece só no Brasil. No Japão, por exemplo, a influência do inglês é tanta que o termo popular para "namorado", por exemplo, é "boyfurendo", influência direta do inglês *boyfriend*. Sorvete é "aiçucurimo", de *icecream*, e cerveja é "biro", de *beer*.

Portanto, não é de hoje que existe esse intercâmbio de palavras entre línguas diferentes. Já houve época em que o *chic* era usar expressões francesas – como ainda temos o *abajur*, a *bijuteria*, entre outras palavras no nosso vocabulário.

É claro que temos de combater o uso exagerado de estrangeirismos que viraram uma moda irritante no vocabulário brasileiro. Mas, por outro lado, não podemos fechar os olhos a toda e qualquer influência estrangeira. Às vezes, a palavra estrangeira é mais usual e simples do que a similar da língua portuguesa. Falar que tenho "um sítio na rede mundial de computadores" pode soar mais pedante do que dizer que tenho um "*site* na internet".

3.12 Você não tem noção, tá entendendo?

Vícios de linguagem que tomam conta do nosso vocabulário podem ser nocivos aos relacionamentos profissionais e pessoais – é bom tomar cuidado com eles!

Não se sabe o que nos leva a desenvolver gírias, vícios de linguagem e outros costumes que tornam nossa fala coloquial e descontraída. Mas é provável que, desde que o ser humano começou a falar, tenha criado também o distanciamento entre a língua formal e as alternativas populares de se falar com os mais íntimos.

O problema surge quando essas expressões descontraídas começam a prejudicar nossos relacionamentos. É o caso dos vícios de linguagem muito perceptíveis. Por exemplo: se você fala "né" ao final de uma frase de vez em quando, isso não chega a comprometer a qualidade de sua fala. Mas se o costume se instala e você começa a colocar "né" ao final de cada frase, ou a cada intervalo para respiração, todo mundo passa a perceber o cacoete como um vício de linguagem presente em seu discurso. O impacto de sua fala com o interlocutor passa a ser negativo.

Pior ainda é quando a expressão que se instala como costume em nossa oralidade tem alguma conotação autoritária ou de desdém em relação ao outro. Os exemplos mais comuns, nas conversas atuais, são o "entendeu?", o "tá entendendo?" e o "você não tem noção!". São expressões agressivas, que podem fazer com que o interlocutor se sinta realmente confrontado. "Por que ele pensa que eu não entendi?" "Será que me acha burro?" "Eu não tenho noção?". Pensamentos como esses são comuns entre as pessoas que convivem com quem tem o costume de usar as expressões agressivas e autoritárias citadas anteriormente.

Se costumes como esses são prejudiciais nos relacionamentos comuns, imagine, então, em relações profissionais, comerciais e de negociação. Podem, sem sombra de dúvidas, colocar tudo a perder. É claro que as relações profissionais têm ficado cada vez mais informais, e isso é até positivo, pois aproxima mais as pessoas. Mas a informalidade não pode ser justificativa para esse tipo de escorregão. Pense nisso!

3.13 Gestos e postura

Abraço: a terapia polêmica.

Em um mundo com tanta hostilidade, em que gestos de afeto deveriam ser celebrados, escolas estadunidenses proíbem o abraço entre as crianças.

Não é preciso ser psicólogo para saber e sentir o quanto um abraço faz bem. A sensação de sentir-se protegido, acarinhado, aconchegado ou de proteger, dar carinho, aconchegar alguém... A solidariedade no momento da dor, a calma na hora do desespero... Tudo isso é representado por um abraço. É um gesto de intimidade e amizade profunda que deve ser respeitado como tal.

A escritora Kathleen Keating (1995) ficou conhecida em todo o mundo quando lançou a ideia da "Terapia do abraço". Quantos de nós não falamos, especialmente com as crianças, sobre o poder curativo de um abraço? Um abraço muitas vezes ajuda a acalmar tristezas e desilusões. A razão é até científica, porque o abraço ajuda a resgatar o ritmo mais lento da respiração, auxiliando no controle da pulsação. O abraço tranquiliza!

Portanto, é de chocar ao saber que algumas escolas estadunidenses proíbem o abraço entre as crianças. Colégios em diversos estados, como Texas e Flórida, estão causando polêmica ao proibir o gesto de afeto. Os argumentos são igualmente esquisitos: "Alguns abraços são longos e próximos demais. Às vezes também o abraço é indesejado para um dos alunos", foi o que disse Victoria Sharts, diretora da escola Percy Julian, em Chicago (Educar para Crescer, 2007). A proibição já provocou a gritaria de muitos nos EUA. O jornalista Leonard Pitts Jr., do Miami Herald, por exemplo, critica o que chamou de "regulação da mais simples interação humana", apontando que a medida pode nos tornar quase robôs.

Em uma época em que palestrantes motivacionais nos convidam a abraçar o desconhecido que está ao lado para criar uma atmosfera positiva; na qual Juan Mann ficou mundialmente famoso ao andar por ruas movimentadas segurando uma plaquinha com os dizeres "abraços grátis", abraçando quem visse pela frente e arrancando muitos sorrisos; e em que adolescentes se cumprimentam com afetuosos e terapêuticos abraços, como entender quem, por puro moralismo, prega o "não afeto"? O mundo precisa de mais abraços!

De acordo com Keating (1995), a terapia do abraço serve para todas as pessoas, não apenas para aquelas que estejam emocionalmente abaladas ou feridas. Ela também faz bem a quem já está bem, deixando ainda mais feliz quem já é feliz, por exemplo.

3.14 Proximidade física na comunicação

Em geral, o brasileiro é considerado um povo muito amável, próximo e "físico" (toca, abraça e "pega" no interlocutor durante uma conversa). Mas isso não pode ser generalizado. O Brasil é um país de dimensões continentais e cada região tem costumes bastante diferentes.

Os curitibanos, por exemplo, têm fama de serem exigentes e muito fechados. Pessoas de outras cidades que vem morar na capital paranaense dizem até que têm dificuldade em fazer amizades. Dizem que a cidade é considerada um "termômetro" – se um produto fizer sucesso aqui, fará em todo o Brasil; se um *show* agradar aos curitibanos, irá agradar a todos os brasileiros. Será que isso é mesmo verdade? E ainda: Será que isso é um problema? Claro que não.

As pessoas têm características diversas e desenvolvem hábitos de acordo com a sua cultura regional. Por exemplo: os cariocas costumam falar mais alto, gesticular mais e abraçar mais as pessoas com quem se comunicam. Já os curitibanos não têm o hábito de tocar o interlocutor, e por isso são considerados mais distantes. Tudo isso não significa que estes ou aqueles sejam melhores ou piores: são apenas diferentes.

É importante levarmos em consideração essas diferentes características para melhorarmos a comunicação com as pessoas com quem convivemos. Aproximar-se muito de alguém que seja mais distante ou ficar muito longe de alguém que tenha o hábito de se aproximar pode até mesmo prejudicar uma convivência pessoal ou profissional. Por isso, devemos levar em conta os costumes e a cultura dos lugares em que vamos viver ou visitar, seja para passear, seja para fazer negócios.

Mas, então, como saber o limite para não sermos invasivos nem distantes? Como em quase tudo na vida, o bom senso resolve. Devemos saber interpretar o grau de abertura que nosso interlocutor permite, perceber se ele é mais próximo ou mais avesso ao contato físico. Na dúvida, a média considerada mundialmente aceita, nas mais diferentes culturas, é de mantermos uma distância de cerca de 50 cm do nosso interlocutor – um pouco mais do que o tamanho do braço esticado. Se ficarmos mais distantes do que isso, poderemos parecer arrogantes. E mais perto pode dar a ideia de intromissão ou intimidade indevida.

3.15 Tom e melodia da voz

> Como falar em público: o segredo é respirar!

Como já exposto anteriormente, medo de falar em público todo mundo tem. O "x" da questão é saber canalizar esse medo para realizar uma boa *performance*. O medo é extremamente natural e, acredite, pode ser até positivo, pois ajuda a melhorar o desempenho do orador. Uma pequena carga de estresse é motivadora e desafiadora, além de auxiliar o orador a manter-se concentrado. O contrário desse medo seria aquela situação em que a pessoa está tão à vontade para falar que se torna desleixada: não se preocupa em pesquisar novidades do assunto, não se prepara, não cuida da aparência nem da postura. Esses, sim, podem ser um grande problema. Afinal, o excesso de autoconfiança é o primeiro passo para o fracasso. Aquela pequena quantidade de medo ou nervosismo não atrapalha.

É claro que existem exceções: pessoas que travam quando vão falar em público e que não conseguem prosseguir. Algumas disparam a falar rapidamente todas as informações, num ritmo frenético, dando a impressão de que querem que aquele momento horrível acabe logo. Algumas começam a suar frio, ficam com a respiração curta, a boca seca e não conseguem pronunciar direito as palavras. Outras, sem perceber, exageram nos cacoetes, gestos repetitivos, vícios de linguagem, coçam a cabeça e olham "para o nada". Quando o nervosismo provoca essas reações, a pessoa deve buscar ajuda.

Cursos de oratória, terapia com um fonoaudiólogo e análise com um psicoterapeuta são recomendáveis, mas uma autoanálise pode ser um bom início. Comece por perceber como anda a sua respiração. Normalmente, o adulto, quase sempre estressado e com pressa, encurta a respiração e deixa de mandar o ar para o abdômen (como é a respiração natural, dos bebês). O resgate da respiração natural é o ponto de partida para o controle da ansiedade e do nervosismo. Quando estamos nervosos, respiramos mais rapidamente, acelerando ainda mais a pulsação, num círculo vicioso que pode ser interrompido, conscientemente, com a respiração correta, lenta e profunda.

Controlada a respiração, é bem possível que o nervosismo também esteja parcialmente domado. E a dose extra de segurança, somada ao chamado *estresse positivo*, vai ajudar o orador a fazer uma boa explanação.

3.16 Mais gafes

Como já dissemos algumas vezes aqui, frases mal colocadas podem nos causar desconfortos e até mesmo problemas profissionais ou pessoais. Às vezes, uma simples brincadeira pode nos colocar em maus lençóis. Mas, entre os políticos, é engraçado. De vez em quando eles falam grosserias, fazem brincadeiras jocosas, deixam escapar frases preconceituosas, mas continuam a agir como se nada tivesse acontecido. Ou por acaso alguém se lembra de ter visto um político pedir desculpas por ter dito uma frase infeliz?

O ex-Presidente Lula, por exemplo, sempre foi exemplo de que temos de pensar muitas vezes antes de falar. Em certa ocasião, na posse do Ministro do Meio Ambiente, Carlos Minc, ele causou alguns constrangimentos. Ao querer elogiar a ex-Ministra Marina Silva, parecia querer criticá-la: "O Minc em uma semana falou mais do que a Marina em cinco anos!" (Giraldi, 2008). Aliás, isso pareceu uma crítica aos dois, e não apenas um comentário ao estilo mais reservado dela e mais expansivo dele. Pelo contrário: deu a impressão de que ele fala demais e ela de menos!

Na mesma solenidade, ele comparou Marina a Pelé, e Minc a Amarildo (o jogador que substituiu Pelé em um jogo, em 1962, e fez dois gols). Ora, quem sou eu para dizer que as metáforas com futebol estão se tornando cansativas, com toda a popularidade inabalável do ex-presidente? Mas, mesmo assim, atrevo-me a dizer que ele se tornou cansativo.

Claro que Lula não é o único. Exemplos assim nós temos encontrado tanto em âmbito nacional quanto em nível internacional. O ex-Presidente Bush foi campeão mundial em cometer gafes – há pelo menos três livros nos EUA com coletâneas de frases esquisitas ditas por ele. Sarcozi, na França, também rendeu boas "pérolas". Certamente a lista seria interminável...

3.17 O mundo é um ovo!

Com certeza você já ouviu alguém dizer a expressão "O mundo é um ovo!" quando quer dizer que tudo parece muito próximo. E, no mundo do trabalho, isso é mais que verdade: é uma constatação que nos deve fazer pensar muitas vezes antes de falar.

Explico o porquê. Dizem por aí que, ao conversar com um desconhecido, bastam cinco minutos de sondagem para descobrirmos alguns conhecidos em comum. Se a pessoa é da nossa profissão, do nosso círculo de ação, ligada ao nosso meio, essa probabilidade aumenta ainda mais. Inúmeras vezes já me aconteceu, por exemplo, de falar de algum professor, palestrante ou jornalista e descobrir que meus interlocutores eram amigos, parentes ou conhecidos das pessoas que eu estava citando. Outras tantas vezes me espantei ao encontrar colegas da minha cidade em aeroportos e restaurantes do país todo.

E, às vezes, só descobrimos essa proximidade ao "pagar um mico" estrondoso.

Certa vez, presenciei uma cena inesquecível disso. Estávamos em uma mesa de amigos quando alguém soltou um comentário maldoso sobre um músico que está em início de carreira, achando que ninguém o conhecia, dando detalhes das músicas e citando, inclusive, nome e sobrenome do artista. E não é que uma pessoa da mesa era parente do músico? Todo mundo tentou disfarçar, mudar de assunto, mas o constrangimento se instalou.

É comum acontecer esse tipo de situação, por exemplo, quando um profissional sai de uma empresa e vai para a concorrência. Nesse caso, o pior que ele pode fazer é falar mal da antiga empresa, porque isso vai provocar uma péssima imagem da sua pessoa. Aliás, falar mal da concorrência, em geral, pode ser muito mais negativo do que positivo.

No fundo, por difícil que possa parecer, deveríamos desenvolver o hábito de exprimir apenas comentários positivos – especialmente se a pessoa comentada estiver ausente. Quanto tivermos algo positivo para falar, falamos, mas quando bater aquela vontade de deixar escapar um "veneninho", devemos treinar a língua para guardar o comentário apenas em pensamento.

3.18 Comunicação escrita

> Para escrever bem no mundo dos negócios, valem as mesmas regras e dicas do falar e portar-se bem em público: seja simples e objetivo.

Há tempos estamos comentando o quanto é importante para o profissional desenvolver a habilidade de comunicar-se bem, persuadir o cliente sem tornar-se inconveniente, portar-se bem em público. Mas, e quando ele precisa comunicar-se por escrito? Quais são as habilidades necessárias? Como levar as informações necessárias sem provocar mal-entendidos ou distorções? Escrever bem é uma necessidade para profissionais das mais diversas áreas.

Em tempos de novas e mais novas tecnologias, de pressão por resultados, de rapidez no atendimento e nas respostas ao cliente, boa parte da comunicação, necessariamente, dá-se por escrito. Portanto, mãos à obra! É fundamental escrever.

E para que o resultado seja efetivo, a primeira dica para escrever bem é buscar sempre a clareza e a objetividade, o que não é difícil se tomarmos o caminho da simplicidade. Não é necessário escolher palavras sofisticadas, estruturas gramaticais complexas ou expressões que eram usuais na chamada *redação empresarial* dos tempos idos. Isso significa dizer que não precisamos – e nem devemos – começar uma mensagem com "Venho por meio desta...". Pelo contrário, o ideal é ir direto ao assunto, sem rodeios nem floreios.

A utilização correta das normas da língua portuguesa também é desejável. Erros de concordância estão entre os mais comuns, mas normalmente a releitura do texto pode evitá-los. Devemos atentar para detalhes como perceber se começamos a frase no singular e terminamos no plural, se começamos no feminino e terminamos no masculino, se mudamos de sujeito no meio do período. Reler em voz alta ou para algum colega é um bom exercício para encontrar e corrigir possíveis erros.

Por fim, não podemos deixar de lado algumas pequenas observações a respeito da comunicação por *e-mails*, "torpedos" em telefones celulares e outras formas de mensagens instantâneas. A nova linguagem própria dessas mensagens já se instalou, e seria utópico afirmar que devemos seguir regras rígidas da língua portuguesa nesses rápidos contatos. Encurtar palavras, utilizar símbolos ou mensagens cifradas não é proibido, mas é necessário tomar cuidado para não parecer demasiado "adolescente" ou mesmo para não confundir o receptor, que pode não estar habituado com ":-),", "vc", "hj" e outras expressões comuns na era digital.

3.19 O importante é comunicar

> Erros de português em um anúncio podem fazer o receptor interpretar a mensagem de forma diferente da que a empresa quer anunciar.

O descaso com a língua portuguesa tem resultado em mensagens distorcidas que chegam a ser hilárias. Na publicidade, por exemplo, em que se espera uma comunicação muito clara e objetiva para não deixar dúvidas no receptor, há inúmeros exemplos de erros gramaticais ou de conteúdo que tornam o discurso confuso.

Dois comerciais de rádio, que passaram em um mesmo intervalo há pouco tempo, chamaram a minha atenção pelo conteúdo truncado. Um deles era sobre uma oficina mecânica, do tipo "martelinho de ouro", que dizia: "Com certificado de garantia por escrito na pintura do seu carro". *Oooooooops!* Eu jamais mandaria consertar meu carro em um lugar que desse de brinde uma tatuagem automotiva. Sim, porque a mensagem dá a entender que o certificado por escrito será impresso na lataria.

O outro comercial, que vinha em seguida, sugeria que se comprasse um vinho de presente para o pai. E terminava com o seguinte raciocínio: "O seu pai é uma pessoa especial. E dá para pagar com cartão de crédito". *Peraí*. O meu pai não está à venda...

Isso sem contar os erros escancarados, as tentativas de assassinato da língua, como alguns exemplos que seguem:

» *Outdoor*: "A Lojas X faz aniversário, mas o parabéns é para você!".

Se o nome da empresa é no plural, a frase toda deveria estar no plural (As Lojas X fazem aniversário). E o pior vem depois: *parabéns* é uma palavra que está sempre no plural. Portanto, a frase inteira deveria estar no plural: "As Lojas X **fazem** aniversário, mas **os** parabéns **são** para você!".

» Rádio: "XXX. Uma Olimpíadas de preços baixos!".

Essa, pelo menos, ficou apenas algumas semanas no ar. Alguém deve ter avisado e o comercial foi corrigido. Ficou assim: "XXX. Olimpíadas de preços baixos!".

» Televisão: "De 15 á 20 deste mês, tudo pela metade do preço" (escrito na tela).

"Á" é uma palavra que não deveria existir nessa frase. Nesse caso, o correto seria "de 15 a 20", sem qualquer sinal em cima do a (nem pense em colocar o acento indicativo de crase, o que seria igualmente errado).

Tudo bem, pode parecer coisa de gente ranzinza, que fica brigando com os anúncios que vê ou ouve por aí. Mas, se o objetivo da propaganda é vender, ela deve ser, pelo menos, correta e clara. Do contrário, pode espantar clientes.

3.20 Correspondências

Se já percebemos que as relações corporativas têm se tornado mais informais e descontraídas, o mesmo podemos dizer das correspondências no mundo do trabalho. Hoje não há mais espaço para antigas formalidades que apenas dificultavam a comunicação e a aproximação entre as pessoas. Expressões que antes eram bastante comuns, como "Venho por meio desta" no início de uma correspondência, ou "Certos de sua habitual presteza, subscrevemo-nos" ao final da mensagem, hoje estão visivelmente em desuso.

Como boa parte da comunicação profissional se dá por meios eletrônicos (especialmente *e-mails*), as mensagens têm como principal objetivo a transmissão de um conteúdo de forma rápida e objetiva. Assim sendo, a linguagem deve ser bastante clara e sem delongas que tomam o tempo do leitor sem acrescentar conteúdo. Em *e-mails*, por exemplo, a mensagem é quase como um bilhete.

No entanto, faz-se necessário alertar para o bom senso, pois muitas pessoas confundem a linguagem informal e rápida com liberalidade para invadir espaços ou ultrapassar limites na hierarquia organizacional.

Foi o que aconteceu em uma empresa brasileira de grande porte. O presidente da organização enviou um *e-mail* a todos os colaboradores com uma mensagem de parabéns pelo fato de a empresa ter sido citada em uma pesquisa internacional como exemplo de bom clima organizacional. Assim que recebeu a mensagem, uma colaboradora respondeu com muita informalidade, tratando o presidente como um colega qualquer de trabalho, com uma intimidade constrangedora, sem sequer chamá-lo de "Senhor": "Caro Celso, aqui todos vestimos a camisa da empresa. É nóis! Vamos que vamos...". Além da intimidade não concedida, a mensagem da colaboradora traz gírias e um linguajar exageradamente despojado, que não se admite no ambiente corporativo.

3.21 O cartão de visitas

Mesmo em tempos de contatos virtuais, telefones celulares e redes sociais, o cartão de visitas ainda é um importante elemento de comunicação e ajuda muito a fazer com que os outros lembrem de você. Nunca vá a um evento profissional sem carregar seu cartão de visitas, pois isso pode colocá-lo em situações constrangedoras. Ter que usar uma desculpa qualquer como "troquei de bolsa e acabei esquecendo de trazer cartões" ou "meus cartões acabaram hoje, já mandei fazer os novos" sempre soa como falta de profissionalismo.

A forma de se entregar o cartão também é determinante. Ele deve ser distribuído na primeira oportunidade, preferencialmente no início de um encontro – a menos que você perceba que isso pode soar invasivo. Nesse caso, espere um momento de abertura para entregar o seu cartão.

Antigamente havia um costume que – ainda bem! – caiu em desuso: dobrar a pontinha do cartão ao entregá-lo. Nunca faça isso, pois hoje é considerado brega! Da mesma forma, escolha sempre modelos discretos de cartões, sem fotos suas ou brincadeiras que podem destoar em ambientes profissionais. Cartões muito criativos são excelentes para agências de publicidade, *design* ou arquitetura, mas para profissionais de empresas um pouco mais formais não caem bem. Não polua seu cartão com muitas informações, mas certifique-se de que ele contenha corretamente o seu nome e o seu cargo, bem como as principais formas de alguém lhe encontrar.

Ao receber um cartão de visitas, receba-o com atenção, olhe o conteúdo e, só então, guarde-o – em local apropriado. Guardar um cartão jogando-o dentro da bolsa ou colocando-o no bolso, sem sequer ter lido o que está escrito nele, demonstra falta de apreço com o profissional que lhe entregou. Certa vez, em um evento, um executivo entregou, sem querer, o cartão de outra pessoa ao invés do seu próprio. A pessoa que recebeu não percebeu e a gafe – dos dois! – só foi percebida muitos minutos depois, gerando desconforto entre os presentes.

3.22 Interesse pelo outro

> Como conquistar a simpatia de qualquer pessoa? O primeiro passo é chamá-la pelo nome!

O nome próprio é o primeiro presente que uma pessoa recebe ao nascer – muitos já são chamados pelo nome no ventre materno. Por isso, quase todas as pessoas gostam e querem ser chamadas pelos seus nomes. A pequena exceção são aquelas pessoas mais conhecidas pelo apelido do que pelo próprio nome, pois estes já estão consagrados. É o caso do ex-Presidente Luiz Inácio **Lula** da Silva, que chegou a incluir o apelido "Lula" em seus documentos.

O fato é que devemos nos esforçar para chamar sempre as pessoas pelo nome, ou pela maneira como elas gostam de ser chamadas. Na aproximação com as outras pessoas, aprendemos aos poucos a analisar caso a caso, mas há algumas dicas gerais que podem nos ajudar a despertar simpatia nos nossos interlocutores. Veja-as a seguir:

1. Muitas vezes os homens preferem ser identificados pelo sobrenome, e não pelo prenome. Se a pessoa for mais velha ou aparentar ser mais formal, podemos iniciar a conversa chamando-a pelo sobrenome, até percebermos se há abertura para usarmos o primeiro nome.

2. Pessoas com nomes compostos têm várias opções de nomes a adotar: o primeiro, o segundo, a composição dos dois nomes ou mesmo o sobrenome. Lembro-me de uma senhora que se chamava Maria Antonieta e detestava quando lhe chamavam apenas de Maria. "Marias há muitas. Eu sou Maria Antonieta", dizia. Nesses casos, a única forma de acertar é mesmo perguntando como a pessoa prefere ser chamada.

3. Apelidos, diminutivos e aumentativos só devem ser usados quando temos um mínimo de intimidade com o interlocutor. É comum chamarmos as Paulas de Paulinha, os Sérgios de Sergião ou Serginho, as Anas de Aninha. Mas isso só deve

acontecer com o consentimento da pessoa ou se a relação com ela se mostrar íntima e informal o suficiente.

Então, como fazer para memorizar o nome das pessoas e não cometer gafes quando encontrá-las? Cada pessoa desenvolve truques e técnicas próprias de memorização, mas as mais comuns são as seguintes:

1. Tente relacionar o nome da pessoa com a fisionomia. Por vezes, algum som pode remeter a algo do semblante dela e isso pode ajudar a guardar o nome.
2. Tente relacionar com o nome de alguém mais próximo a você: se fulano tem o nome de sua tia e beltrana tem o nome da sua mãe, fica mais fácil lembrar.
3. Ao ser apresentado a uma nova pessoa, procure repetir o nome dela o maior número possível de vezes (sem exagero, claro). Por exemplo: "Ana! Bonito nome, Ana...".

Acertando esse primeiro passo, fica bem mais fácil se aproximar das pessoas e manter bons relacionamentos. Experimente!

Síntese

A comunicação é um dos pontos mais importantes da chamada *etiqueta corporativa*. De nada adianta um profissional vestir-se bem, usar talheres de maneira correta e sentar-se com a coluna ereta se, ao abrir a boca, comete erros crassos na língua portuguesa ou impropriedades em relação a pronomes de tratamentos, chama pessoas por apelidos não autorizados, toma liberdades etc.

Assim como em outros pontos do comportamento profissional desejável, também no quesito *comunicação* devemos primar pela discrição, linguagem simples e elegância.

Para saber mais

O DISCURSO do rei. Direção: Tom Hooper. Reino Unido: Paris Filmes, 2010. 118 min.

O filme O *discurso do rei* (2010), dirigido por Tom Hooper e estrelado por Colin Firth, Helena Bonham Carter e Derek Jacobi, aborda de maneira genial a importância de se comunicar bem. O filme relata a história verídica do herdeiro do trono britânico, que desde criança sofre com a gagueira e precisa se superar para assumir o reinado. A história mostra a angústia e a superação do protagonista, com momentos marcantes que demonstram o quanto a sociedade cobra dos seus líderes uma comunicação pessoal impecável.

Questões para revisão

1. Quanto à comunicação escrita, a linguagem deverá ser pernóstica e rebuscada?

2. Como gravar o nome de alguém que acabou de ser apresentado a você?

3. Analise as seguintes sentenças e assinale (V) para verdadeiro e (F) para falso:
   ( ) A comunicação oral é mais importante que a escrita em uma empresa. Cada vez mais as pessoas evitam a comunicação escrita e primam apenas pela boa comunicação oral.
   ( ) A comunicação escrita e a oral são elementos que conferem credibilidade a um profissional, por isso devem ser muito bem elaboradas.
   ( ) Mesmo com a informalidade crescente na comunicação oral, é importante manter a formalidade na comunicação escrita, com as chamadas *cartas comerciais*.
   ( ) Mesmo com a informalidade crescente nas relações profissionais, as pessoas devem ter bom senso e primar por uma

linguagem respeitosa entre colegas e superiores hierárquicos nas empresas, evitando gafes.

4. Analise as seguintes sentenças e assinale a alternativa correta:
   (a) O cartão de visitas está em desuso.
   (b) Quanto mais chamativo for o cartão de visitas, melhor. Assim, as pessoas irão lembrar de você.
   (c) O cartão sempre deve ser entregue na despedida em um encontro profissional.
   (d) O cartão ainda é uma importante forma de comunicação e deve ser discreto e marcante.

5. Assinale a alternativa correta:
   (a) O nome de uso profissional deve ser longo, para causar mais respeito. Se o seu nome for muito curto, você pode adotar um sobrenome fictício.
   (b) É necessário ter bom senso e levar em consideração as diferentes características culturais das pessoas a fim de aprimorar a comunicação com quem convivemos.
   (c) Sempre chame seus colegas de trabalho por apelidos no diminutivo; isso mostra atenção e carinho.
   (d) Ser conhecido pelo sobrenome é um fator negativo à sua imagem profissional.

Questão para reflexão

Como você é na hora de fazer uma crítica a alguém? Qual a importância da polidez na maneira de se comunicar?

Estudo de caso

Por diversas vezes tenho abordado o problema de expressarmos nossos mais íntimos preconceitos ou fazermos os comentários mais infelizes simplesmente porque falamos por impulso, sem nos dar o tempo necessário para medir as consequências das palavras que proferimos. Mas, como o problema é realmente recorrente, abordo aqui alguns dos exemplos que tenho ouvido, como forma de alertar mais uma vez para o risco de perdermos clientes, negócios e amigos ao darmos vazão à fluência verbal desmedida.

Um dos casos que mais me chamou a atenção foi a história contada por uma jovem que trabalhava como secretária do presidente de uma grande indústria multinacional com sede no Brasil. O chefe era alemão e os dois, como já trabalhavam há certo tempo juntos, desenvolveram intimidade suficiente para conversarem em linguagem informal. Porém, conversar descontraidamente não significa liberdade total para falar o que quiser, visto que essa atividade pode ferir sentimentos sem perceber.

Foi o que aconteceu. A moça contou que um dia o chefe chegou com uma caixa muito pesada e fez mil recomendações para que ela cuidasse do embrulho como se fosse um tesouro, não deixasse ninguém chegar perto, não abrisse etc. O tempo passou e a curiosidade foi aumentando, até que um dia, recordando o quanto a caixa era pesada, ela repetiu uma antiga brincadeira que ouvia em casa: "Fulano, o que tanto você carrega nesta caixa? Por acaso tem um judeu morto aí dentro?".

Assim que terminou de pronunciar a frase, a jovem profissional percebeu o cunho preconceituoso da brincadeira que ela, até então, julgava inocente. Deu-se conta de que o chefe era alemão e lembrou-se de toda a dura história de massacre aos judeus que ainda hoje pesa sobre todo o povo alemão. Mas a palavra proferida não volta, e não há nada que se possa fazer para amenizar a gravidade de uma brincadeira infeliz depois que ela já foi feita, a não ser assumir o erro e pedir desculpas.

Vivemos na sociedade do "politicamente correto" e muitas das coisas que falamos podem ser interpretadas como preconceituosas ou discriminatórias. Por isso, todo o cuidado é pouco. Todo mundo gosta de conviver com pessoas bem-humoradas e brincalhonas, mas não podemos perder de vista o limite entre o descontraído e o agressivo. Brincadeira tem hora, lugar, situação e a pessoa certa. Se errarmos em algum desses pontos, podemos colocar tudo a perder.

4
Comunicação e novas tecnologias

Conteúdos do capítulo

» A comunicação e as mídias intrapessoais tecnológicas.
» Como ser pessoal numa mídia a distância.
» Profissionalismo e expressão a distância.

Após a leitura deste capítulo, você será capaz de:

1. compreender o contato tecnológico como uma gama de mídias necessárias na atualidade;
2. expressar-se pelas mídias indiretas com mais eficiência;
3. adequar sua linguagem à mídia pela qual ela é conduzida;
4. entender as particularidades de cada mídia para a comunicação pessoal.

Estamos cada vez mais envolvidos e dependentes das tecnologias para a nossa vida em sociedade. Quem pode imaginar uma vida sem carro para encurtar as distâncias, sem telefone para se comunicar até com o outro lado do mundo, sem o celular, que nos conecta de onde estivermos, e, mais recentemente, sem os *smartphones*, que nos dão acesso à internet de – quase – qualquer lugar? O mundo está conectado e quando ficamos, por algum motivo, desprovidos dessas tecnologias, sentimo-nos quase incomunicáveis.

Ocorre que essas tecnologias todas, que nos aproximam tanto uns dos outros, também nos afastam de pessoas próximas. Hoje conversamos com amigos (que às vezes nem conhecemos pessoalmente) do outro lado do mundo, mas nem sabemos quem são nossos vizinhos. O velho ditado "ninguém é uma ilha" está sendo cada vez mais posto em xeque – estamos nos tornando ilhas, mantendo apenas os contatos virtuais.

Neste capítulo, iremos refletir sobre a utilização de algumas dessas tecnologias, especialmente os telefones – fixo e celular – e o computador, com suas mais diferentes ferramentas, bem como sobre o comportamento profissional desejável diante dessas ferramentas. Vamos analisar como extrair apenas o que essas tecnologias podem trazer de enriquecedor, sem deixar que tomem conta de nosso ser, fazendo-nos perder o foco no trabalho e diminuir a produtividade.

4.1 Pelo resgate do contato pessoal

Ninguém é uma ilha! Será que a antiga crença ainda tem validade em plena época de internet, *e-mails*, teleconferências e telefonemas? Toda a tecnologia criada para reduzir distâncias e fronteiras tem resultado no distanciamento do contato físico, a mais genuína e franca forma de comunicação entre pessoas.

Como somos obrigados a correr contra o relógio, preferimos telefonar a fazer uma visita, mandar um *e-mail* em vez de telefonar, ou mesmo delegar a outra pessoa a tarefa de mandar um recado. E, francamente, quando telefonamos, muitas vezes torcemos intimamente para que o telefonema seja atendido por uma secretária eletrônica: assim transmitimos a mensagem sem perder muito tempo.

Mas é somente com o contato pessoal que podemos saber exatamente a reação dos nossos interlocutores. Imagine que você precisa pedir um favor a um colega de trabalho. Se você manda um *e-mail*, ele pode responder: "Tudo bem, sem problemas" ou "Infelizmente não poderei ajudá-lo". Se, em vez de enviar um *e-mail*, você fizer o pedido por telefone, poderá perceber algumas intenções do seu colega pelas inflexões na voz. Mas se você conseguir a oportunidade de falar pessoalmente, poderá "ler" a linguagem corporal, perceber o olhar, a expressão facial, a postura. Na prática, você vai saber se ele disse "sim" querendo dizer "não", se ele negou o favor para escapar de você e o grau de sinceridade em sua resposta.

Para resgatar gradativamente a prática do contato pessoal, podemos pensar em uma "escala de relacionamento", na qual podemos subir passo a passo: em vez de delegar o contato a uma terceira pessoa, faça você mesmo; em vez de mandar um *e-mail*, telefone; em vez de deixar recado na secretária eletrônica, insista em telefonar mais tarde; e, em vez de telefonar, procure o contato físico.

As inúmeras possibilidades de comunicação que o avanço tecnológico permite são fascinantes e hoje se tornaram até mesmo necessárias (quem pode se dar ao luxo de viver sem celular?), mas elas nos fizeram perder o costume do contato pessoal. Não precisamos sair de casa e nem encontrar pessoas para fazer compras, trabalhar e, às vezes, nem para namorar! Viramos ilhas, ficamos isolados. Por isso, propomos o resgate.

4.2 Novas tecnologias

"Netiqueta": como você cuida da sua imagem virtual?

Muitos ainda não se deram conta disso, mas a forma como utilizamos as novas tecnologias pode favorecer ou prejudicar muito a nossa imagem profissional. Pequenos erros ao enviar um *e-mail*, por exemplo, podem provocar danos irreversíveis em relacionamentos pessoais ou profissionais.

Os cuidados devem começar já na escolha do endereço de *e-mail*, que deve facilitar a identificação de seu proprietário. Por isso, evite complicações, como símbolos, letras duplas ou o uso de iniciais que possam confundir o receptor. O próprio *underline* ("_"), que hoje é bastante comum, ainda provoca algumas confusões. Para não correr o risco de escolher um endereço de *e-mail* complicado, pense que ele deve ser compreendido quando você precisar falá-lo a alguém que sequer irá anotá-lo, mas vai tentar guardá-lo "de cabeça". O ideal, na maioria dos casos, é escolher o seu nome mais conhecido – de preferência, nome e sobrenome.

Ainda no tocante a *e-mails*, vale a pena frisar que muitos ainda mantêm o hábito de repassar correntes, piadas, clipes musicais ou mensagens de autoajuda pelo *e-mail* de trabalho, o que também prejudica a imagem do profissional. Com o tempo, essas pessoas acabam sendo vistas como inoportunas ou até mesmo chatas.

Então, pense bem: na hora de reenviar um *e-mail* que você tenha achado bonito, coloque-se no lugar de quem vai recebê-lo. Se você achar realmente imprescindível repassar, se achar que a mensagem irá mudar a vida de quem a ler, então repasse, mas com a delicadeza de acrescentar uma mensagem pessoal; se for enviá-la a mais de uma pessoa, use sempre a alternativa de "cópia oculta", para não expor endereços na rede.

4.3 Conduta profissional dos novos tempos

> Com o telefone celular, a internet e suas inúmeras ferramentas, os profissionais precisam rediscutir sua conduta em situações inusitadas.

O telefone celular e a internet (especialmente as inúmeras possibilidades de conexão com as redes sociais) têm provocado a discussão de uma nova ética e etiqueta profissional. É preciso pensar no assunto, sob pena de adotarmos posturas que fragilizem as nossas relações de trabalho e prejudiquem a nossa credibilidade.

Poucas pessoas se deram conta do quanto é preciso se preocupar com a escolha dos endereços de *e-mail*, a gravação das mensagens em secretárias eletrônicas e caixas postais de telefones e os apelidos que escolhem nos cadastros de páginas da *web*. Nosso perfil profissional é julgado inclusive por essas escolhas.

Que credibilidade profissional pode ter uma pessoa que tem como endereço de *e-mail* "bruxinhaazul@xxxxx.com.br", "lulucalegal@xxxxxx.com.br" ou ainda "gostosãodo37@xxxxx.com.br"? Acredite: endereços de *e-mail* com palavrões, apelidos ou tentativas de autoafirmação são tão comuns quanto desaconselháveis.

Isso não quer dizer, é claro, que todos os apelidos são proibidos nos endereços de *e-mail*. O que deve imperar é a lei do bom senso. Há muitas pessoas que são mais conhecidas pelos apelidos do que por seu nome verdadeiro, e adotam-nos como parte do seu "nome profissional", antes chamado de *nome artístico*.

O mesmo cuidado vale para a saudação a ser deixada na caixa postal do telefone celular ou na secretária eletrônica. Imagine o desconforto de fazer uma ligação extremamente profissional e ouvir uma gravação do tipo "Você ligou para a pessoa certa, na hora errada...", ou então ser recebido por uma gravação com uma voz sensual do outro lado da linha. Isso também é comum e deve ser evitado!

Escolhas malfeitas na era da comunicação podem até mesmo custar empregos. Sabe-se que empresas de recrutamento de pessoal têm avaliado até o "perfil tecnológico" dos candidatos a vagas no mercado de trabalho. Comunidades do tipo "eu odeio..." sempre pesam contra.

Na dúvida entre ousar na criatividade e correr o risco de perder a credibilidade profissional, uma boa dica é adotar um nome e um sobrenome como **marca pessoal** – assim como não se erra o cardápio com o bom feijão com arroz.

4.4 Telefone fixo

O telefone fixo da empresa... é da empresa! Isso já deveria dizer tudo. Mas, na prática, sabemos que quase todas as pessoas já utilizaram o telefone da empresa para resolver algo pessoal. Algumas organizações impõem regras rígidas sobre a utilização do telefone fixo: restrições de tempo de chamada, proibições de interurbanos e de ligações para celular etc.

Antigamente, quando os telefones tinham discadores circulares, havia até cadeado para inibir ligações. Hoje há outras ferramentas de restrição, mas boa parte das empresas não chega a proibir ligações, contando apenas com o bom senso de seus colaboradores.

Como bom senso é um conceito subjetivo, algumas orientações gerais devem ser seguidas. A primeira, é claro, é a de que devemos evitar a utilização do telefone da empresa para assuntos estritamente pessoais. Se isso não for possível, dada a eventual emergência de algum tema pessoal (um filho doente, por exemplo), é razoável o cuidado para que a ligação seja breve.

Aliás, essa orientação deveria valer para a utilização do telefone em qualquer situação: o aparelho é para transmitir mensagens e dar recados, e não para bater papo, salvo raras exceções (alguém fazendo intercâmbio no exterior, por exemplo, usa o telefone para colocar a conversa em dia).

Na utilização realmente profissional do telefone da empresa também devemos ter alguns cuidados especiais. O volume, a clareza e a boa entonação da voz, por exemplo, são importantes. Devemos falar com um volume alto o suficiente para que o interlocutor nos ouça bem, mas sem exageros para não atrapalhar os colegas de trabalho que estejam em volta. Devemos articular bem as palavras, pronunciando cada letra, sílaba, som, a fim de que as frases não fiquem "emboladas" para quem nos ouve do outro lado da linha. A entonação deve transmitir firmeza, sem autoritarismo, afetação sensual ou qualquer exagero que tire a naturalidade da fala.

A simpatia – ou a falta dela – é perfeitamente perceptível ao telefone, tanto que profissionais de *telemarketing* muitas vezes são orientados a falar sorrindo, para transmitir simpatia. As inflexões de voz podem parecer detalhes insignificantes para quem fala, mas são muito percebidas por quem ouve. A emoção é flagrante na voz e o interlocutor muitas vezes saberá se quem está ao telefone está feliz, bravo, triste, alegre ou irado.

É importante também saber se a empresa exige algum padrão de atendimento. Na saudação inicial, por exemplo, é comum as empresas orientarem algo sobre o atendimento (há empresas em que as pessoas atendem ao telefone dizendo seu próprio nome ou o departamento em que trabalham. Por exemplo: "Suzana da Silva, bom dia!"; "Departamento Financeiro, boa tarde!"; e assim por diante). Podem haver padrões predeterminados para a saudação inicial e para a "assinatura" – a forma de se despedir do interlocutor (Por exemplo: "A empresa X agradece sua ligação. Boa tarde!"). Há casos também de orientações sobre o atendimento geral (há manuais de *telemarketing* com orientações precisas sobre como responder às perguntas mais comuns e dicas do que se deve e o que não se deve falar. Por exemplo: muitos desses manuais proíbem a utilização da palavra "infelizmente").

4.4.1 Anotando recados

Muitas vezes a pessoa procurada em um telefonema não está ou não pode atender no momento da ligação. Nesses casos, é importante anotar os recados com exatidão. Certifique-se do nome da pessoa que ligou, do assunto (não insista se a pessoa não quiser especificá-lo), da empresa em que ela trabalha e do número de telefone, para que a pessoa procurada possa retornar a ligação.

4.5 Telefone celular

O telefone celular invadiu a nossa vida de forma assustadora nas últimas décadas. Companheiro de todas as horas, ele já acompanha praticamente todos os brasileiros de idade adulta. Desde 2010, já temos mais do que um celular por habitante. Mas será que estamos utilizando bem esse aparelho que faz parte de nossas relações pessoais e profissionais?

Um dos primeiros dilemas a serem resolvidos é em relação à "usabilidade": temos aparelhos com inúmeras funcionalidades, mas na maioria das vezes os usamos apenas para fazer e receber ligações e mensagens escritas. Quando muito, usamos a internet para as redes sociais nos *smartphones*. Então, vale a pena gastar alguns minutos – ou mesmo horas – para estudar o *manual do aparelho* e podermos utilizar outras ferramentas bárbaras, como calculadoras (alguns têm até calculadora financeira), agendas, alarmes diferenciados, arquivos de músicas e de imagens e câmeras fotográficas.

Outro dilema, com certeza, é o preço das linhas e chamadas telefônicas. É por isso que hoje muitas pessoas têm vários aparelhos, um de cada operadora: para reduzir o custo das chamadas, já que podem ligar de graça ou com preços muito baixos para aparelhos da mesma operadora.

Na utilização propriamente dita, valem as mesmas orientações gerais abordadas no tópico sobre telefone fixo: faça de forma objetiva, clara e com bom volume. Devemos ter cuidado com os assuntos a serem abordados e os locais em que estivermos – comentar segredos profissionais em público, falar em volume muito alto quando em ambientes silenciosos etc.

4.5.1 A caixa postal

As formas como gravamos nossa saudação pessoal para a caixa postal e deixamos recados gravados em caixas postais alheias dizem muito sobre o nosso profissionalismo.

A saudação na caixa postal deve ser breve, direta e, ao mesmo tempo, simpática. Evite brincadeirinhas que podem imprimir um estilo infantil ou até mesmo vulgar à sua caixa postal. Isso pode criar constrangimentos em quem vai deixar um recado. Sua saudação deve ser rápida e bem declarada (Por exemplo: "Você ligou para Suzana da Silva. No momento não posso atender, mas deixe o seu recado e eu retornarei assim que possível").

Para deixar um recado, da mesma forma, devemos buscar objetividade. Nada de querer contar histórias ou conversar com a gravação. Vá direto ao ponto. Certifique-se de falar de forma bem clara e pronunciada. Se for deixar um número de telefone, diga-o de forma pausada e bem articulada.

4.5.2 Mensagens escritas

Para as mensagens escritas enviadas pelo telefone celular, a linguagem deve ser bastante objetiva. É válido utilizar abreviações e encurtamentos das palavras, mesmo que isso não esteja previsto no padrão formal da língua portuguesa. Os textos devem ser curtos e a linguagem coloquial, sem formalidades. Mas, no caso de contatos profissionais, intimidades devem ser evitadas.

Assim como veremos a seguir em relação aos *e-mails*, também nas mensagens por celular devemos ter cuidado com as possíveis interpretações do que falamos. Por exemplo, devemos evitar escrever as palavras todas em maiúsculas, porque isso demonstra que estamos gritando.

4.5.3 Horários de ligações e mensagens

A falta de cuidados em relação aos horários de se fazer ligações telefônicas ou mesmo enviar mensagens escritas tem causado problemas em muitas empresas. Como urgências podem acontecer, muitas pessoas deixam os celulares ligados 24 horas por dia, favorecendo a problemática.

Ligações telefônicas profissionais devem obedecer aos horários comerciais, a não ser em casos extremos ou em profissões e atividades que exijam horários diferenciados. Portanto, o ideal é que as ligações ou mensagens escritas sejam encaminhadas entre 9h e 18h. Fora desses horários, devemos evitá-las. Claro que isso não é radical – pode não haver problemas em uma ligação profissional às 19h30min. Mas, convenhamos, um telefonema de cunho profissional às 22h, numa sexta-feira, pode, sim, causar problemas pessoais e familiares a quem recebe a ligação.

4.5.4 Conferências e reuniões

Mesmo com as ferramentas disponíveis de internet, é muito comum empresas fazerem conferências e reuniões por meio do telefone celular com pessoas que estejam distantes fisicamente. Para que essas conferências aconteçam a contento, certifique-se do bom sinal de telefonia e dos locais onde estão as pessoas envolvidas. Para ser bem ouvido por todos, fale de forma bem declarada, pausada e com volume um pouco maior do que o de uma ligação corriqueira.

4.6 Internet

Hoje o computador está presente em quase todos os estabelecimentos comerciais, escritórios e indústrias. Avançadas como nunca, essas máquinas ajudam a nos mantermos conectados com o mundo, enviando e recebendo *e-mails*, produzindo apresentações, arquivando documentos importantes etc.

Mais uma vez, um alerta importante é não misturarmos o pessoal com o profissional, procurando manter o foco no trabalho nos horários e nos locais de nossas atividades profissionais. Ainda não falaremos aqui sobre a invasão das redes sociais em nossas vidas, mas há que se lembrar, sim, que o computador não é apenas um instrumento de produção de resultados para o trabalho, mas também uma ferramenta interessante de entretenimento, com jogos fascinantes e brincadeiras envolventes. Se não mantivermos o foco no trabalho, facilmente perderemos a noção do tempo envolvido em jogos e brincadeiras. Uma foto de uma repartição pública mostrando um funcionário jogando "Paciência" enquanto havia fila de pessoas aguardando para serem atendidas foi amplamente divulgada nas redes sociais há algum tempo, mostrando o descaso desse servidor com o cidadão. Não podemos correr o risco de que situações como essas prejudiquem também a nossa empresa e imagem.

4.6.1 *E-mail*

Os *e-mails* estão entre as formas de comunicação mais usuais nas empresas. Nas relações pessoais, eles estão perdendo espaço rapidamente para a troca de mensagens por meio das redes sociais. Para que a mensagem seja transmitida sem problemas, alguns cuidados são importantes.

Primeiro, é preciso considerar que as mensagens de *e-mail* são escritas. Isso, por si só, pode causar alguns problemas e mal-entendidos. Portanto, certifique-se de que a pessoa irá interpretar da maneira como você quis transmitir o seu recado.

Além disso, há sinais que ajudam a transmitir a intenção das mensagens, mas, se não soubermos o significado deles, podemos prejudicar ainda mais a compreensão. Por exemplo: usar negrito, palavras inteiras escritas com letras maiúsculas ou escrever em vermelho significa que você está **gritando**. Portanto, só use se essa for a sua intenção – e acreditamos que isso não seja de bom tom no ambiente profissional.

A linguagem dos *e-mails* pode ser direta, sem enrolações. No entanto, é sempre mais simpático usar uma saudação inicial e uma assinatura para que a mensagem não fique brusca.

Não há necessidade de se usar linguagem pernóstica e expressões inócuas, como as antigas "cartas comerciais", que tinham sempre expressões como "Venho por meio desta...". Esse tipo de expressão está em desuso. Mas é claro que sempre se deve considerar a quem estamos nos dirigindo, respeitando a hierarquia da empresa e as pessoas. A linguagem de um *e-mail* é semelhante à de um bilhete, simples e direta, sem rodeios, mas com gentileza e cordialidade. É válido abreviar palavras, em nome da agilidade – mas é importante ter a certeza de que o interlocutor conseguirá entender sua escrita em "internetês".

Muito cuidado com as mensagens respondidas "a todos". Certifique-se se é mesmo importante mandar a resposta a todos, para não sobrecarregar a caixa de mensagens dos colegas com respostas que digam apenas "ok", "recebido", "confirmado" etc. Além disso, evite expressar indignações, protestos e xingamentos, porque não é raro pessoas falarem mal de colegas que também estão recebendo a mensagem, causando transtornos e constrangimentos.

Da mesma forma, é importante certificar-se de que a sua mensagem está sendo encaminhada para o destinatário correto. É comum clicar em *responder* quando a intenção é *encaminhar*, ou mesmo digitar o nome do destinatário e não conferir – e a memória do programa de *e-mail* pode ter selecionado outro nome parecido. Erros assim podem gerar desde situações engraçadas até problemas sérios.

4.6.1.1 *Comunicação por* e-mail: *simplicidade e objetividade!*

Profissionais acostumados ao contato "olho no olho" com clientes têm percebido, cada vez mais, a migração das visitas e dos telefonemas para a comunicação por *e-mail*. À primeira vista, parece mais fácil para todo mundo: para o próprio cliente, pois lhe poupa tempo e favorece as respostas mais diretas, e também para o vendedor, que pode ganhar em produtividade. Mas é claro que precisamos tomar alguns cuidados para não perder oportunidades ao cometermos deslizes básicos na troca de mensagens virtuais.

Em primeiro lugar, é preciso "colocar na balança" a valia de se trocar o contato pessoal pela troca de mensagens. Na Seção 4.1, apresentamos a importância do resgate do contato físico com clientes, fornecedores e amigos, porque temos nos acostumado a ficar "escondidos" atrás da tela do computador, em vez de nos aproximarmos verdadeiramente das pessoas.

Sabemos que a proximidade nem sempre é possível, porque, na maioria das vezes, é o próprio cliente quem pede que o contato seja feito eletronicamente. "Manda o orçamento por *e-mail* e depois a gente conversa". Quem é que nunca ouviu isso? Então, temos que fazer todo o possível para que o *e-mail* seja efetivo e traga os resultados que queremos. Pensando nisso, separamos algumas dicas que acreditamos que podem ajudar a fazer com que a comunicação por *e-mail* seja frutífera:

1. **Linguagem**: O *e-mail*, salvo em empresas muito formais, não precisa ter aquela velha linguagem das cartas comerciais. Ele deve ser visto como um veículo rápido de transmissão de mensagens, por isso a linguagem deve ser simples e coloquial, quase como em um bilhete. Nos casos mais informais, é até admissível abreviar palavras e usar **um pouco** de "internetês" ("vc esqueceu de assinar o dcto").

2. **Credibilidade**: Especialmente quando o contato for externo e direcionado a pessoas com quem não temos relação de amizade, é preciso cuidar para não forçar a intimidade. Lembro-me de um jovem executivo que escrevia *e-mails* bastante formais, mas que, por costume, terminava a mensagem mandando "beijos!". O encerramento da mensagem é importante para conferir credibilidade ao remetente. Terminar com expressões como "atenciosamente", "saudações", "grato(a)" e até "um abraço" (quando houver uma aproximação maior entre os interlocutores) soa mais profissional.

3. **Mal-entendidos**: Esse talvez seja o maior risco da comunicação por *e-mail*. Como a linguagem é coloquial e o tom, muitas vezes, informal, escrevemos como se estivéssemos conversando pessoalmente com o outro. Ótimo! Mas não podemos esquecer que a mensagem não vai acompanhada da **entonação** e, por isso, o interlocutor pode entender mal o que queríamos dizer.

4. **Língua portuguesa**: A linguagem mais solta não pode justificar erros de português. Erros de digitação também ferem a seriedade da mensagem. A dica é reler o *e-mail* antes de clicar no botão *enviar*.

Em resumo, o *e-mail* é uma ferramenta que, se bem utilizada, pode nos ajudar a economizar tempo e facilitar a comunicação.

4.6.2 Redes sociais

As redes sociais já fazem parte da vida dos brasileiros e devem tomar cada vez mais espaço em nosso dia a dia. Especialistas em redes sociais afirmam até mesmo que os *e-mails* já estão sendo substituídos pela troca de informações e mensagens por meio dessas redes.

O uso de redes sociais deve ser feito com muita parcimônia por pessoas que precisam cuidar de seu perfil profissional, mesmo que elas usem as redes apenas para contatos pessoais e diversão.

As redes sociais são tão envolventes que, sem perceber, muitas pessoas chegam a perder produtividade no trabalho porque passam horas postando fotos, brincadeiras, jogos, participando de bate-papo, esquecendo-se das prioridades do trabalho. É por isso que muitas empresas restringem o acesso a várias redes. Como diz o ditado, "paga o justo pelo pecador", e pessoas que utilizam as redes sociais de forma racional e profissional acabam sendo prejudicadas com as restrições, e até mesmo empresas que poderiam ser beneficiadas com uma participação ativa nas redes perdem visibilidade porque se obrigam a adotar restrições.

Na sequência, abordaremos algumas características das redes sociais, exemplificando e refletindo sobre o melhor comportamento a ser adotado para extrair o que elas podem oferecer de melhor em termos de relacionamento interpessoal, sem ferir nossa imagem profissional.

4.6.2.1 Por que as empresas devem estar nas redes sociais?

Há algum tempo, um palestrante especialista em redes sociais lançou algumas perguntas à plateia: "As empresas devem estar nas redes sociais?". A plateia foi unânime ao dizer que sim. Em seguida, ele perguntou: "Por que elas devem estar nas redes sociais?". As respostas foram as mais diversas: *marketing*, destaque em relação a outras empresas, proximidade com os clientes, divulgação de produtos e serviços, propaganda mais barata, lançamentos, promoções e sorteios, entre outras.

"Todas as respostas estão corretas", disse o palestrante. "Mas há ainda uma razão importante que ninguém abordou: as empresas precisam estar nas redes sociais para evitar os problemas e prejuízos que terão se não estiverem presentes nas redes". Seguindo esse raciocínio, o palestrante citou casos de problemas sérios que empresas tiveram porque suas marcas foram citadas em críticas nas redes sociais, ganharam repercussão e as respostas demoraram a vir porque elas não tomaram conhecimento do assunto de imediato.

Críticas a empresas nas redes sociais são cada vez mais comuns. Se as organizações não estiverem atentas a isso, poderão ter a sua imagem manchada – às vezes de forma irremediável. Bancos e operadoras de telefonia estão entre as campeãs de reclamações nas redes sociais, mas também estão entre as mais atentas e rápidas ao entrar em contato com os consumidores que transmitem as mensagens de protesto para resolver as situações de forma ágil, evitando maior repercussão das críticas.

Mas, como lembramos no início desta seção, as empresas também devem estar nas redes sociais para aproveitar a visibilidade que estas oferecem, possibilitando maior proximidade com os consumidores e boas utilizações para o *marketing* da organização.

4.6.2.2 *Uso pessoal não pode ferir o perfil profissional*

Mesmo que a sua participação nas redes sociais seja unicamente com objetivos de alimentar relações pessoais e se divertir, é necessário ter cuidado para não ferir a sua imagem profissional.

As redes são ótimas para alimentar contatos sociais, marcar e comentar festas, postar fotos, divertir-se com tiradas bem-humoradas, mensagens de reflexão etc. Mas tudo isso deve ser postado e comentado com os devidos cuidados para que a credibilidade da pessoa não fique abalada.

É sabido que profissionais de recursos humanos, recrutamento ou *head hunters* analisam os perfis de candidatos antes de contratá-los para vagas de empregos. Portanto, mesmo que os seus objetivos sejam apenas pessoais, zele por sua imagem na rede. É importante mostrar quem você é de fato, verdadeiramente, mas pequenos deslizes em comentários ou postagens podem prejudicá-lo.

4.6.2.3 *Exposição*

Um dos maiores cuidados que devemos ter em relação à nossa presença nas redes sociais é com o grau de exposição pessoal exibido no perfil. Há pessoas que põem em risco até mesmo a própria segurança e de sua família porque descuidam do conteúdo e se expõem demais.

Postar fotos sensuais ou íntimas, por exemplo, mancha a imagem profissional. Fotos em trajes de banho (biquíni, sunga), em poses sensuais (homens sem camisa, mulheres em trajes mínimos, olhares e bocas sedutores) passam a imagem de que se está ali para exibir o corpo, paquerar, ganhar elogios, e isso pode ser interpretado de forma negativa por quem queira conhecer o seu perfil mais profissional. Um *head hunter*, por exemplo, pode concluir que sua presença é sempre assim, sensual, o que destoaria do ambiente de trabalho em que você deseja estar.

Na mesma linha estão as fotos e os comentários que, mesmo que não sejam sensuais, exponham sua intimidade. Fotos de roupão ou pijamas, por exemplo, podem fazer com que os outros lhe achem preguiçoso ou pouco profissional. Frases do tipo "vou tomar banho", "preciso de uma massagem", "vou me recolher em meus lençóis macios" podem sugerir sensualidade e, assim, também ferir a sua imagem profissional.

O mesmo tipo de cautela devemos ter em relação a postagens de cunho preconceituoso, brincadeiras de mau gosto, imagens que exponham o ser humano (ou mesmo animais) à execração ou ao ridículo. Brincadeiras aparentemente ingênuas podem ganhar uma interpretação equivocada e uma repercussão enorme. Antes de postar uma foto ou fazer um comentário, pense bem.

É claro que não queremos dizer com isso que seu perfil na rede deva ser sisudo e mal-humorado. De jeito nenhum! Mas é sempre possível demonstrar bom humor sem preconceito, sem agressão e sem se expor demais.

4.6.2.4 *Uso pessoal ou para propaganda da empresa?*

Como as páginas nas redes sociais são, em sua maioria, de cunho pessoal – com exceção do LinkedIn® e de outras que têm propostas eminentemente profissionais –, há quem se irrite com pessoas que postam "propagandas" de suas empresas o tempo todo. Sim, também em relação a isso é preciso cautela e cuidados especiais.

Se sua intenção é publicar também, além de considerações pessoais sobre diversos assuntos, algo sobre seu perfil profissional, a empresa em que você trabalha ou até mesmo produtos e serviços à venda, faça isso com bom senso, bom gosto e sem ser invasivo. No Facebook®, por exemplo, em vez de colocar os seus anúncios no perfil de um amigo, coloque-os no seu próprio e deixe que os amigos o visitem. Postar anúncios no perfil de um amigo polui a página deste e pode causar incômodos.

Especialistas orientam que devemos dosar os conteúdos entre o profissional e o pessoal – na base de 40% para o profissional, para não ficarmos chatos, e 60% para o pessoal, mas sempre com a cautela de não sermos demasiadamente infantis, ingênuos, preconceituosos ou maldosos nas postagens.

Exemplos de redes sociais e usos

1. **Twitter®**: *Miniblog* em que os usuários postam textos de até 140 caracteres. É possível seguir pessoas que nos interessam e conquistar seguidores, que receberão, na página deles, nossas postagens. Também podemos mandar mensagens diretas (bloqueadas aos demais usuários) para quem nos segue.

2. **Facebook®**: Desde agosto de 2011, o Facebook® ultrapassou o Orkut em número de usuários, sendo hoje a mais popular rede social do país. É possível postar fotos, vídeos, textos, notas, músicas, além de trocar mensagens diretas e manter conversas em tempo real com os amigos adicionados. Para empresas, artistas e celebridades, é possível criar *fanpages* para que admiradores acompanhem os conteúdos. O limite nas páginas pessoais é de 5.000 amigos, já nas *fanpages* não há limites.

3. **Orkut**: Está caindo em desuso no Brasil e não chegou a conquistar muitos usuários no restante do mundo. Assim como no Facebook®, aqui também é possível postar fotos, vídeos e recados para os amigos.

4. **LinkedIn®**: Rede com objetivos profissionais. É possível postar comentários e recomendar profissionalmente os contatos adicionados.

Como é cada vez maior o número de pessoas que estão em mais do que uma rede social, uma alternativa interessante hoje é agregar um perfil ao outro, promovendo a convergência entre os perfis das diferentes redes. Por exemplo: é possível fazer com que suas postagens do Twitter® sejam automaticamente postadas também no Facebook® e no LinkedIn.

4.6.2.5 Conversas em tempo real

As ferramentas de comunicação instantânea também são muito utilizadas para a troca de informações pessoais e profissionais. As mais usuais atualmente são o Skype® e o *Whatsapp®*. As recomendações de uso de ambas são semelhantes.

1. **Seja verdadeiro ao determinar seu *status***: Se colocar como "ocupado", esteja de fato ocupado. Se colocar "ausente" ou "*off-line*", seja igualmente verdadeiro. Muitas pessoas colocam "ausente" ou "*off-line*" em seu perfil, mas permanecem conectados. Se são flagrados, a credibilidade pode ficar abalada, pois o interlocutor sempre poderá pensar que você está "escondido", ou até mesmo achar que você o está evitando.

2. **Respeite e exija respeito em relação ao *status***: Para que as pessoas respeitem seu *status* de "ocupado" ou "ausente", é importante, como dissemos anteriormente, que você seja verdadeiro. E se precisar falar algo a quem esteja "ocupado" ou "ausente", não tente conversar, mas apenas passar o seu recado de forma breve.

3. **Todo o cuidado em relação à exposição de intimidades**: Nos últimos tempos, várias celebridades – atores, atletas, jogadores de futebol – sofreram com a exibição pública de vídeos feitos em momentos de intimidade. O desconforto de ter a própria imagem espalhada pela rede nessas situações deve ser enorme. Portanto, cuidado! Uma exibição assim poderá manchar não apenas a sua imagem pessoal, mas também a da instituição para a qual você trabalha.

4. **Saudações e frases de reflexão**: Muitas pessoas colocam, em seus *nicknames* (espaço abaixo do nome, deixado para uma saudação), frases para reflexão, aforismos, pensamentos célebres ou frases de humor. Nesse caso, devemos tomar os cuidados gerais já tratados anteriormente (evitar exposição de preconceitos etc.). Mas também há pessoas que colocam recados direcionados a uma pessoa específica ("Jorginho, te amo!", por exemplo). Isso é totalmente inadequado e pode manchar a imagem profissional. Recados direcionados devem ser mandados apenas à pessoa em questão, e não colocados à exposição pública. Há ainda usuários que colocam na saudação situações extremamente pessoais e íntimas, o que também não condiz com a criação de uma boa imagem profissional (por exemplo: "estou no banho, volto já!"; "vou fazer xixi" – sim, por incrível que pareça, isso não é raro!).

Síntese

Estar nas redes sociais, hoje, é praticamente uma exigência para profissionais e organizações. Ainda há pessoas que relutam em criar seus perfis na rede, mas o número de usuários é crescente. Para as empresas, é importantíssimo o monitoramento de sua imagem na rede mundial de computadores. Se ela não for eficiente nesse monitoramento, corre o risco de ter a sua imagem prejudicada por alguma denúncia que não seja respondida ou por algum problema que não seja resolvido pela falta de agilidade e percepção.

Os profissionais devem ter a cautela de buscar a discrição em seus perfis pessoais a fim de não comprometer a sua imagem profissional. Fotos e comentários devem ser postados com o cuidado de não ferir o profissionalismo e a credibilidade.

> **Para saber mais**
> A REDE social. Direção: David Fincher. EUA: Sony Pictures, 2010. 121 min.
>
> Para conhecer um pouco mais sobre o Facebook®, a rede social mais utilizada em todo o mundo, recomendamos o filme *A rede social* (2010), de David Fincher, com Jesse Einsenberg e Justin Timberlake no elenco. O filme relata a história real da criação dessa rede social e o sucesso que ela se tornou.

Questões para revisão

1. Por que é importante que as empresas estejam nas redes sociais?
2. Como as empresas devem incentivar e orientar os seus colaboradores em relação à utilização de redes sociais?
3. Analise as seguintes sentenças e assinale a alternativa correta:
   (a) Os *e-mails* devem ter uma linguagem formal, como as tradicionais correspondências comerciais.
   (b) Os *e-mails* têm linguagem semelhante à de um bilhete, mas quem emite deve ter o cuidado de respeitar o grau de formalidade da empresa e da situação.
   (c) Quando uma empresa permite o uso de redes sociais em horário de trabalho, o colaborador deve fazer propaganda da empresa em sua página pessoal.
   (d) Os perfis pessoais nas redes sociais devem ser utilizados apenas para diversão e informação pessoal, jamais para temas profissionais.

4. Analise as seguintes sentenças e assinale (V) para verdadeiro e (F) para falso:
   ( ) Cuidar da sua imagem nas redes sociais é importante apenas para o *marketing* e a exposição de uma organização.
   ( ) Um bom profissional deve saber dosar a sua utilização pessoal em redes sociais. O recomendável é não tornar enfadonho o uso de mensagens com cunho publicitário (a média recomendável é de 60% para postagens pessoais e 40% para as profissionais).
   ( ) Como a rede social só deve ser para uso pessoal e entre amigos, não há problemas em postar piadas, palavras vulgares e fotos íntimas.
   ( ) Mensagens por escrito no telefone celular devem ter linguagem formal.

5. Assinale a alternativa correta:
   (a) "Netiqueta" é o termo que vem sendo adotado quando o assunto é a conduta do indivíduo ante as novas tecnologias.
   (b) Se você usar o seu perfil de uma rede social apenas para diversão pessoal, não há motivos para preocupação com o grau de exposição, afinal, ele não será visto por seus contatos profissionais.
   (c) O ideal é não tomar partido em polêmicas e discussões políticas, pois isso pode prejudicar sua imagem profissional.
   (d) Você nunca deve postar mensagens de cunho estritamente profissional.

Questão para reflexão

Que imagem as pessoas podem fazer de você com base na visualização do seu perfil nas redes sociais? Você já percebeu que é fácil descobrir se a pessoa é agressiva, efusiva, entusiasta, mimada, engajada politicamente e tantas outras características? Será que você também não é rotulado?

Estudo de caso

É sabido que os perfis pessoais nas redes sociais são analisados por recrutadores e chefes como forma de se conhecer a personalidade de candidatos a vagas de emprego ou mesmo de colaboradores já contratados. Certa vez, uma psicóloga relatou, em uma entrevista na televisão, que um estagiário do curso de Direito foi rejeitado devido à exposição de algo particular que fez em uma rede social.

O estudante havia entrado em uma comunidade do Orkut chamada *Eu odeio meu pai*. Além de ser negativo participar de qualquer comunidade com a alcunha "eu odeio...", havia o agravante de ser em relação ao pai – que, simbolicamente, representa a figura da lei e da norma. Na visão da psicóloga, o candidato não tinha boas chances de ser um bom profissional do Direito porque rejeitava exatamente a figura que representava a legislação.

5 Dress code: com que roupa?

Conteúdos do capítulo

» *Dress code*: como a roupa comunica quem somos.
» O que é ser apresentável sem ser pré-fabricado.
» Como se expressar sem correr atrás da moda.
» Como escolher o que vestir.
» Níveis de formalidade.
» Acessórios e maquiagem.

Após a leitura deste capítulo, você será capaz de:

1. escolher uma aparência adequada ao que quer tranmitir;
2. saber o que é adequado e inadequado em cada situação;
3. adaptar suas escolhas a um *dress code* pessoal;
4. conceber um *dress code* e adequá-lo a si mesmo;
5. conhecer e escolher seu código de vestimentas para situações adequadas;
6. saber adequar suas escolhas de vestimentas ao convívio social e às necessidades de situação;
7. conhecer os graus de formalidade das situações e ser adequado a eles;
8. distinguir ocasiões para maquiagem, vestimentas e acessórios corretos.

Antigamente, a expressão "boa aparência" era utilizada no meio corporativo de maneira segregacionista e preconceituosa. Os anúncios de vagas de emprego diziam coisas como "precisa-se de secretária de boa aparência", como se a empresa exigisse que a pessoa fosse "bonita" para ocupar o cargo. Tamanha era a carga de preconceito que a expressão foi proibida nos anúncios classificados, pois era usada, de forma velada, para excluir negros, obesos, pessoas que, por alguma característica física, estivessem fora do "padrão de beleza" desejado pela empresa. Afinal, a competência técnica para a função nada tem a ver com a beleza física.

O fato de a expressão ter caído em desuso, no entanto, não significa que as empresas tenham deixado de exigir "boa aparência" de seus colaboradores. Pelo contrário! O que ocorre hoje é que essa expressão é vista de maneira mais democrática: ter boa aparência não significa, necessariamente, estar dentro dos padrões de beleza da sociedade, mas demonstrar cuidados pessoais com higiene e harmonização da sua presença nos ambientes em que se vai interagir.

Cuidar da aparência é muito mais do que combinar roupas, estar na moda ou gastar muito na compra de acessórios. Cuidar da aparência é perceber o ambiente e saber preparar-se visualmente para ele. Ninguém vai de biquíni a um casamento ou de terno a um clube aquático. Isso se aplica também aos ambientes profissionais.

5.1 Apresentação pessoal

O médium Chico Xavier, falecido em 2002, uma das maiores expressões do Movimento Espírita no Brasil, era conhecido por várias características, inclusive físicas, as quais viraram quase uma "marca registrada": estava sempre de óculos escuros (para esconder um problema sério de catarata), terno e boina. Certa vez, colegas de religião lhe perguntaram se não era uma contradição pregar a humildade e o desapego, morar em uma casa miserável, mas sempre andar bem vestido, se aquilo não era uma demonstração de vaidade. E a resposta de Chico Xavier foi dizer que seus irmãozinhos não deveriam ser obrigados a conviver com sua aparência – segundo ele – horrorosa.

A resposta do médium traz uma lição importante sobre o cuidado com a aparência. Ele disse, em outras palavras, que apresentar-se bem é uma forma de demonstrar preocupação e respeito com o outro. Esse tipo de pensamento afasta um comportamento que, vez por outra, afeta a todos: a preguiça de se arrumar ou a vontade de pegar a primeira roupa que achar no armário.

Portanto, quando algum pensamento assim nos invadir, devemos nos lembrar dessa lição e pensar no que vamos entregar aos outros – amigos, colegas de trabalho, conhecidos e desconhecidos que viermos a encontrar durante o dia. Vale a pena dar vazão à falta de vontade de se arrumar? Ou vale o esforço de caprichar no visual em nome do respeito aos colegas e aos ambientes que vamos frequentar?

Não existe uma única orientação. Não é obrigatório vestir isso ou proibido usar aquilo, mas deve imperar sempre a lógica do bom senso. Ambientes informais permitem vestuário informal, mas isso não significa um visual desleixado. Ambientes mais formais exigem, da mesma forma, um apuro maior na hora de escolher as roupas e os acessórios para compor o visual.

Além da observação do ambiente para que possamos nos harmonizar a ele, é imprescindível escolhermos roupas e acessórios equivalentes a nossa personalidade, ou seja, que estejam de acordo com nosso estilo e jeito de ser e que nos deixem à vontade. Por exemplo: homens que detestam usar terno e gravata só devem fazê-lo se for mesmo obrigatório – do contrário não ficarão à vontade e poderão se sentir "enforcados" pela gravata.

Esse é um caminho natural, intuitivamente escolhemos roupas que tenham a ver com nossa identidade e jeito de ser. Pessoas conservadoras dificilmente usarão roupas coloridas, decotadas, cheias de apliques. E, da mesma forma, pessoas mais modernas e "descoladas" dificilmente usarão roupas muito sisudas e sóbrias.

É importante lembrar que tudo comunica, tudo é informação. Na hora de compor o visual para enfrentar o dia, devemos levar em consideração quais são as mensagens que estamos emitindo com as roupas e os acessórios que escolhemos. Às vezes, dizemos algo verbalmente, mas nosso visual pode estar contradizendo a essência das mensagens que queremos transmitir.

Um dos elementos mais importantes nesse aspecto é a cor. Quase sempre escolhemos as cores sem levar em consideração o que elas transmitem – agimos simplesmente pelo gosto pessoal, pelo estado de espírito do dia (inconscientemente, quando estamos felizes, usamos roupas mais coloridas e alegres, quando estamos depressivos, optamos por cores mais sóbrias) ou até mesmo pela moda, para combinar peças etc. Mas é importante lembrarmos que as cores emitem mensagens, ideologias e paixões. Elas têm energia, possibilitam uma leitura psicológica e, portanto, provocam reações inconscientes nos nossos interlocutores. Isso pode ajudar ou prejudicar as nossas relações pessoais e profissionais.

5.2 Influência da aparência e do vestuário no ambiente de trabalho

Desde crianças, aprendemos que não devemos julgar as pessoas pela aparência. "As aparências enganam", diz o ditado popular. Já vimos que elas não enganam tanto assim, pois normalmente nos vestimos de acordo com a nossa personalidade. Mas, especialmente em relação à discriminação quanto a classes sociais, essa é uma grande verdade. Devemos nos esforçar para não discriminar pessoas por elas estarem "mal vestidas".

Porém, não é isso o que acontece na prática. As pessoas fazem juízo de valor o tempo todo e analisam uns aos outros constantemente. "A primeira impressão é a que fica" é o que nos ensina outro ditado popular muito verdadeiro. Assim que "batemos os olhos" em alguém, imediatamente traçamos uma ideia até mesmo do caráter da pessoa. Claro que isso não é justo, nem correto, mas é da natureza do ser humano. Portanto, devemos nos esforçar para não julgarmos os outros, mas devemos ter a consciência de que estamos sendo julgados o tempo todo – pela aparência, inclusive.

Certa vez, num treinamento, uma moça comentou que "todo mundo" achava que ela era prepotente, arrogante e presunçosa, mas que ela, de fato, não era. "Todo mundo, quem?", perguntei. E ela respondeu: "Todo mundo: meus pais, meus chefes, meus colegas de trabalho e de faculdade... todo mundo!". Opa... Então, pensei, mas não disse: "Se **todo mundo** acha isso, alguma coisa deve estar errada...". Passei a analisar com a moça se algo em sua **linguagem não verbal** poderia estar transmitindo a imagem de arrogância. Alguns elementos poderiam reforçar essa imagem: talvez o tom de voz da moça fosse muito agudo ou o volume fosse muito alto – é desagradável conversar com pessoas que falam muito alto; talvez a postura a fizesse ficar com a cabeça muito erguida, olhando os outros de cima e parecendo "nariz empinado"; talvez ela se vestisse com roupas mais refinadas ou extravagantes do que as dos colegas de trabalho. Tudo isso poderia projetar a ideia de um comportamento prepotente, mesmo que ela achasse que era uma pessoa bacana.

Por meio desse exemplo, podemos perceber que a forma como nos apresentamos pode fazer com que a nossa presença seja mais (ou menos) agradável e aceita nesses ambientes. Por mais injusto que seja julgar pelas aparências, é certo que as pessoas respeitam mais quem consideram "apresentáveis". Um professor com cabelos sujos, chinelos de dedo e roupa puída certamente terá mais dificuldade de conquistar respeito e admiração dos alunos do que outro que se apresente com um *jeans* clássico e uma camisa simples.

Estar bem vestido não é, necessariamente, usar roupas de grife ou da última moda. Apresentar-se bem é, antes de tudo, mostrar cuidado com a higiene. Roupas limpas, bem passadas, no tamanho certo do nosso corpo (nem grandes, nem apertadas), cabelos bem cortados e penteados, unhas aparadas e benfeitas, calçados em bom estado etc., tudo isso ajuda a compor um visual agradável aos olhos do grupo – e, portanto, o visual de uma pessoa se torna mais confiável aos olhos da sociedade.

Roupas muito marcadas por uma moda passageira – cores gritantes, modelos muito diferentes dos mais cotidianos – não são bem-vindas aos ambientes de trabalho porque chamam muito a atenção dos colegas. Exemplos: calças boca de sino, saias pareô, calças *fuseau*, blusas sem alças e calças saruel.

No vestuário, é importante lembrar sempre que "menos é mais". Excessos devem ser evitados para não poluir o visual. A ousadia pode estar presente somente nos detalhes. Estampas, cores vibrantes e acessórios exagerados carregam muito na composição do visual. Imagine, por exemplo, uma mulher vestida da cabeça aos pés com roupas de estampa de pele de tigre – o visual fica pesado, poluído. Agora imagine a mesma mulher usando uma roupa toda preta, ou toda bege, com apenas uma echarpe com estampa de pele de tigre – a estampa quebra o visual monocromático, tornando-o mais harmônico. O mesmo raciocínio deve se aplicar a acessórios e maquiagem.

5.3 Dicas para mulheres

A ideia de que "menos é mais" é especialmente válida para mulheres, posto que as roupas estampadas e coloridas e os acessórios são mais comuns para o sexo feminino.

O principal cuidado da mulher ao compor o visual para o trabalho deve ser em relação à sensualidade. Qualquer exagero pode manchar a imagem profissional. Roupas muito justas, decotes muito pronunciados, saias muito curtas ou com fendas – tudo isso deve ser evitado. Além do vestuário, acessórios também podem ajudar a sensualizar a aparência. Bijuterias muito grandes, joias chamativas e cintos muito coloridos não devem fazer parte do dia a dia da mulher profissional.

A maquiagem exagerada também sensualiza a aparência. Devemos evitar sombras azuis ou verdes, *blushs* muito fortes e batons nos tons de vermelho. No geral, pode-se seguir a regra de equilíbrio que diz que, quando fazemos uma maquiagem mais pronunciada nos olhos, devemos amenizar na cor do batom, e vice-versa: quando queremos usar um batom mais escuro, os olhos devem estar mais discretos. Se "carregamos" na maquiagem dos olhos e da boca, o visual ficará poluído.

5.4 Dicas para homens

Já para os homens as preocupações em relação à sensualização são bem menores, uma vez que a maioria não usa muitos acessórios ou roupas coloridas. Mas, mesmo assim, para quem gosta de usar uma corrente grossa no pescoço ou uma camisa estampada, vale também a dica do "menos é mais".

Para compor um visual respeitável do ponto de vista profissional, o homem deve, principalmente, ter cuidados com a higiene. Por exemplo: se suar demais, ele deve usar uma camiseta embaixo da camisa, para evitar que se formem as manchas de suor (conhecidas como *"pizzas"*) nas axilas.

Perfumes são marcantes e definem uma personalidade forte. Contudo, é importante não exagerar, especialmente se trabalhar em ambientes com muitas pessoas – há homens que deixam um "rastro" de perfume por onde passam. Isso pode torná-lo desagradável ao grupo.

Os cabelos devem estar sempre bem aparados. Cabelos sem corte ou disformes dão um aspecto desleixado ao visual masculino. A menos que a intenção seja exatamente a de criar um visual mais despojado, o ideal é manter os cabelos sempre bem curtos.

Barbas são um elemento complicador na composição do visual masculino. Homens que gostam desse visual devem saber "usar barba", e não "deixar a barba", como se dizia antigamente. A barba deve ser bem desenhada e, preferencialmente, ser mantida bem curta, em vez das barbas compridas e cerradas que eram usadas antigamente. A barba curta e desenhada mostra cuidado e refinamento, já a cerrada e sem desenho pode passar imagem de falta de higiene.

Aliás, quem usa barba deve ter muito cuidado com a higiene, pois os pelos no rosto são um convite ao acúmulo de poeira, saliva e restos de comida. Se a pessoa for descuidada, poderá até exalar mau cheiro. Quem cuida bem da barba, lava-a com xampu e creme, usa perfume e mantém o rosto sempre muito limpo.

Para a escolha das roupas masculinas, basta analisar se o ambiente é formal ou informal. Nos casos de situações formais, pede-se o uso de terno e gravata – preferencialmente os escuros, como azul-marinho, considerado o mais elegante. Ternos claros não devem ser usados à noite. Nas situações informais, o cuidado deve ser não exagerar na desenvoltura. *Jeans* escuros, em modelos clássicos, com camisa social ou esportiva caem bem. Camisas polo também são bem-vindas na maioria dos ambientes informais e descontraídos.

5.5 Sua aparência é seu cartão de visitas

"À mulher de César não basta ser honesta, tem de parecer honesta". O velho ditado romano é cada vez mais atual. Na sociedade cruelmente competitiva em que vivemos, a imagem e a aparência, infelizmente, são mais valorizadas do que o próprio conteúdo. Ou melhor, muitas vezes o conteúdo de uma mulher só será valorizado **depois** da aparência aprovada, se for aprovada.

Por mais injusto e errado que isso seja, todas as pessoas fazem juízo de valor umas sobre as outras o tempo todo, especialmente com base no visual. As informações não verbais muitas vezes são as únicas que temos a respeito de uma pessoa que está em nossa frente. Com esses julgamentos, cometemos muitos erros, sem dúvida. Mas, por outro lado, a máxima de que "as aparências enganam" não é tão verdadeira assim, pois imprimimos muito da nossa personalidade na aparência: se sou uma pessoa conservadora, provavelmente uso roupas também conservadoras; se sou "descolada", é provável que escolha um corte de cabelo mais despojado, e assim por diante.

No mundo corporativo, esse prejulgamento pelas aparências é ainda mais explícito: dificilmente pessoas com visual mais despojado conseguirão colocações em empresas conservadoras e vice-versa. Mas, independente de sermos mais arrojados ou conservadores, o fato é que precisamos cuidar da aparência para conquistar o respeito profissional.

Pense, por exemplo, no caso dos profissionais de educação física. O estereótipo do estudante romântico e de visual desalinhado muitas vezes se mantém para depois da formatura, acompanhando o profissional em sua vida no mercado de trabalho. Mas, sejamos sinceros, quem teria segurança de contratar como *personal trainer* um educador físico que não cuida de sua própria aparência, seus músculos, seu peso e suas roupas? Quem teria confiança de entregar a alguém os cuidados sobre seu corpo, se esse alguém não cuida de si mesmo? Se não cuida de si, como vai cuidar de alguém?

É claro que ninguém em sã consciência exigiria de um profissional de educação física que engessasse o seu visual e adotasse um vestuário que não tivesse a ver com seu estilo de vida. Isso seria um pecado imperdoável com qualquer pessoa, de qualquer profissão. A roupa deve se harmonizar com a nossa personalidade, mas dentro de limites muito bem delineados. Despojado, sim, desalinhado, não. Sua aparência é seu cartão de visitas.

Não é preciso andar na moda, mas evitar exageros nas excentricidades é desejável para garantir a credibilidade profissional. Ou, parafraseando o dito romano do início dessa seção: Não basta ser excelente, é preciso parecer excelente!

5.6 Com que roupa eu vou?

Portar-se bem em público ou em reuniões de negócios pode ser decisivo para o sucesso.

Você tem uma reunião amanhã cedinho com um novo cliente, do qual nunca ouviu falar. Na noite anterior, começam as dúvidas: "E se eu for de *jeans* e camiseta e a empresa for formal?"; "E se eu for de terno e gravata e todo mundo lá tiver um estilo mais solto?", "E se o meu contato me medir da cabeça aos pés?".

Dúvidas como essas são mais comuns do que se imagina e nos fazem pensar como a etiqueta está presente em nossas vidas, mesmo que não nos preocupemos todos os dias com o talher mais correto ou em sentar sempre com a coluna reta. Foi-se o tempo em que a etiqueta se ocupava apenas do que muitos chamavam de *frugalidades* ou *frescuras*. Hoje, a etiqueta é uma ferramenta para a prática, é importante para o bom relacionamento social e, sem dúvida, pode servir muito ao profissional de vendas.

Muitas vezes, a boa etiqueta é sinônimo de bom senso; em outras ocasiões, valem as dicas de boa educação ensinadas pelos pais quando éramos crianças. Mas, em tantas outras vezes, somos colocados em situações inesperadas em que, se não tivermos preparo, podemos colocar tudo a perder.

A escolha da roupa, por exemplo, é um fator decisivo para causar e uma boa primeira impressão. O traje a ser utilizado em uma reunião de negócios deve ser escolhido com cuidado, com o objetivo de provocar a maior aproximação possível com o nosso contato. Se há dúvidas, é melhor usar um terno, mas que não seja muito sisudo. Assim, sua postura será receptiva sem ser exageradamente formal – e sem correr o risco de destoar se a empresa tiver um clima mais clássico. Se você já conhece a empresa ou se ela é de um ramo sabidamente informal (uma grife de roupas para surfistas, por exemplo), claro que o seu vestuário pode e deve ser mais solto. Mas, é como diz o ditado: "Na dúvida, não ultrapasse!".

A etiqueta deve acompanhá-lo em todas as etapas do encontro e do relacionamento que se estabelece depois. Por exemplo: Quem deve estender a mão por primeiro para cumprimentar? Normalmente, cabe à mulher estender a mão ao homem. Mas, caso ele seja o primeiro a iniciar o cumprimento, seria indelicado a mulher não corresponder. Da mesma forma, entre dois homens, cabe a quem chega ser o primeiro a estender a mão para o cumprimento. Na hora de se apresentar alguém, vale a regra da hierarquia profissional: é o chefe quem decide estender ou não a mão para cumprimentar a secretária; o funcionário deverá sempre ser apresentado ao patrão e nunca o inverso; e o profissional de vendas deverá ser introduzido e apresentado ao contato pela secretária, devendo também esperar que o seu interlocutor (contato, dono da empresa, comprador etc.) estenda primeiro a mão para o cumprimento.

5.7 Mais alguns cuidados com a aparência

É bastante conhecida em todo o Brasil a história do fazendeiro que foi a uma concessionária de automóveis querendo comprar um carro zero quilômetro, mas que saiu de lá ofendido porque não foi bem atendido pelos vendedores, que sequer o olharam, pelo fato de ele estar "malvestido".

Dizem que esse fazendeiro foi a outra loja, comprou o carro, pagou à vista e retornou à primeira concessionária, querendo falar com o diretor, dono ou gerente, e relatou a péssima experiência que havia tido.

— Vim até aqui para comprar um carro, mas fui ignorado por seus vendedores. Fui a outra loja e comprei um automóvel melhor ainda. Mas fiz questão de retornar aqui para dizer que vou falar mal dessa loja para todo mundo. Vou dizer que vocês discriminam as pessoas de acordo com a maneira como elas estão vestidas – teria dito o fazendeiro.

Essa história – e tantas outras parecidas, que certamente já ouvimos por aí – são verdadeiras lições que nos mostram que, no relacionamento com o cliente, devemos considerar duas coisas aparentemente contraditórias: não podemos julgar pelas aparências, mas temos que saber que vamos ser julgados pela forma como estivermos vestidos e pelo nosso comportamento.

Isso significa que temos de atender bem a quem quer que seja, pois muitas vezes cometemos injustiças – e perdemos bons clientes em potencial – por julgarmos pelas aparências. Pode apostar: se uma pessoa vestida de maneira desleixada entrar em uma loja, os vendedores irão empurrar o potencial cliente uns para os outros. "Atende você", "pode atender", é o que se ouve nessas situações.

Por outro lado, não podemos nos descuidar da maneira de nos vestir e nos comportar nos ambientes profissionais. É fundamental, por exemplo, usar roupas limpas e bem passadas, mesmo se trabalharmos em uma oficina mecânica. Outro cuidado importante, especialmente para as mulheres, é evitar qualquer peça do vestuário que possa transmitir imagem de sensualidade ou vulgaridade. O importante a ser lembrado em todos os momentos é que a nossa imagem passa a ser a imagem da empresa.

5.8 A ousadia deve estar nos detalhes

Certa vez, li um artigo de Arnaldo Jabor (2012) em que ele comentava hábitos imperdoáveis de mau gosto no visual das mulheres; na semana seguinte ele também escreveu sobre os hábitos masculinos. Entre as coisas apontadas como detestáveis, o colunista destacou, por exemplo, a ideia de pintar florzinhas nas unhas, usar *jeans* muito enfeitados com estampas e metais, perfumes muito fortes ou muito doces e até as unhas dos pés muito grandes.

Os escorregões nos costumes masculinos também não tiveram perdão na análise de Jabor. Ele ridicularizou o costume de usar casaquinho de lã jogado nas costas (estilo "tiozão"), *blazer* com gola rolê por dentro, cuecas coloridas, sapato de franjinha e base incolor nas unhas. Tudo isso em um texto recheado de ironias e de um bom humor sarcástico, típicos do colunista.

Confesso que ri muito, mas também fiquei encucada por alguns dias, constatando que também cometo alguns dos pecados apontados nos textos. Mas depois me dei conta de que, quando a ousadia está nos detalhes, pequenos excessos são permitidos. E, claro, tudo deve passar pelo crivo do bom senso, por uma análise de autocrítica verdadeira. Devemos analisar se a composição do visual que criamos se harmonizará com o ambiente em que vamos exibi-lo – o que não significa que devemos abrir mão do nosso estilo próprio em nome da moda ou do ambiente, mas dosar estilo e elegância, com comedimento.

Na verdade, todas as críticas feitas pelo colunista tinham um único pano de fundo: não devemos poluir o visual. Na prática, as **informações** das roupas e dos acessórios não devem competir entre si. Por exemplo: estampas e cores muito diferentes usadas de uma só vez – flores e bolinhas, listras e assimetrias, roxo e amarelo – podem competir e criar um visual sem harmonia.

Mas também não sejamos tão radicais. Quem resiste a uma florzinha em uma das unhas ou a um belo bordado em um *jeans*? Se Mies Van der Rohe* (Revista Westing, 2012) bradou ao mundo que "menos é mais", podemos colocar só um pouquinho de mais nesse menos, não é?

5.9 Formalidade *versus* informalidade

A sandália venceu...

Não, este não é um texto sobre a emancipação da mulher, a participação crescente no mercado de trabalho ou o novo feminismo. O assunto é mesmo a sandália, o calçado que deixa boa parte dos pés à mostra.

Você lembra o quanto as sandálias eram **proibidas**, principalmente no ambiente de trabalho, até poucos anos atrás? Além de **sensualizar** a aparência da profissional, elas podiam até ser consideradas vulgares ou provocar olhares nada discretos. Afinal, era raro que alguém tivesse a ousadia de deixar os pés à mostra, principalmente no trabalho.

No entanto, aos poucos, as sandálias foram se impondo, conquistando até mesmo as mais tímidas e recatadas. Hoje, mocinhas e senhoras, modernas e tradicionais, ousadas e discretas usam e abusam do charme dos calçados abertos, às vezes até no inverno, ou com calças compridas. Claro que elas tiveram um empurrãozinho da indústria da moda, que insistiu no lançamento de novos modelos até que o grande público as aceitasse.

---

* Ludwig Mies Van der Rohe (1886-1969) é considerado um dos maiores arquitetos do século XX.

Mas, mesmo com tanta flexibilidade e aceitação, convém pensarmos um pouco sobre quando e como usar sandálias.

Primeiro, é preciso olhar para os próprios pés com a autocrítica aguçada. Se os dedos forem muito finos e compridos, se os pés forem grandes demais, se houver rachaduras ou ressecamento excessivo da pele, não convém usar calçados abertos demais.

Se as sandálias forem muito abertas, também devem ser usadas com muita cautela. Não ficam muito bem em ambientes profissionais – combinam mais com festas e situações em que se podem usar roupas bem esvoaçantes. O ideal para o trabalho são modelos mais firmes, estruturados e um pouco fechados. As que cobrem os calcanhares são ótimas, por exemplo.

Deve-se tomar cuidado também com o tamanho e a espessura do salto. Aquelas com plataforma abaulada e saltos bem altos e finos não são recomendáveis, pois são muito sensuais para usar no ambiente corporativo. O correto seriam as de saltos médios. As com plataformas grossas e saltos largos dão um aspecto muito pesado – vão bem com jeans, mas não com um terninho ou uma roupa um pouco mais formal.

Para usar sandálias com calças compridas, também é bom tomar alguns cuidados. Se as calças forem largas, pedem calçados mais fechados. Já as calças curtas, como as cigarrettes (até a canela), maria-joão (até os joelhos), corsário ou pescador (ambas também até as canelas), vão muito bem com sandálias abertas; quando as usamos com salto alto, dão um ar muito elegante.

Em resumo, basta ter bom senso e olhar para o espelho como se olhasse para a prima ou para a amiga e perguntasse: "Ficou legal? Seja sincera!". E então responda para si mesma... e aceite a resposta!

5.10 Uniforme resolve?

Adotar um uniforme para ajudar a criar um padrão visual na organização tem sido uma solução bastante procurada pelas empresas. A ideia é cabível em algumas atividades, mas não é adequada em determinadas ocupações. De toda forma, mesmo quando a empresa adota o uso de uniforme, o colaborador precisa estar atento aos detalhes e não achar que tudo está resolvido porque o modelo da roupa já foi escolhido.

Por exemplo: uma empresa que adotou como uniforme para as vendedoras (todas do sexo feminino) uma camiseta com a marca da empresa e uma calça preta enfrentou a seguinte dificuldade: várias das moças que trabalhavam ali queriam camisetas menores do que o seu manequim real, para que elas ficassem bem justas ao corpo. Isso pode vulgarizar a imagem profissional!

Além disso, o uniforme deve estar sempre impecável, sem manchas e sujeiras, bem passado e com aparência de novo (cores desbotadas dão aspecto de roupa velha).

5.11 Acessórios, maquiagem, *piercings* e tatuagens

Os acessórios e a maquiagem devem seguir o mesmo princípio adotado nos outros temas relativos à etiqueta profissional: lembrar-se sempre de que o "menos é mais" e que a discrição, muitas vezes, é sinônimo de elegância.

Maquiagem exagerada pode vulgarizar o visual, bem como o uso de acessórios extravagantes. Uma maquiagem benfeita é aquela que ressalta os traços, torna o visual marcante e disfarça eventuais assimetrias, cicatrizes, manchas ou outras pequenas imperfeições. Os acessórios, por sua vez, devem ser discretos para não chamarem muita atenção. Brincos grandes e coloridos, pulseiras que façam barulho e anéis que prejudiquem a digitação não são recomendáveis.

Preocupar-se com o visual é cuidar da imagem profissional. Muitos justificam o mau gosto com a desculpa de que é uma questão de estilo. Sejamos claros, uma coisa é uma coisa, a outra é outra... Explico-me: uma coisa é usar um visual despojado, sem estar preso a modismos, sem a preocupação de combinar cores e estampas. Outra, completamente diferente, é vestir todos os dias a mesma calça *jeans* surrada, suja, com a primeira camisa que encontrar no armário, naquele pensamento "ninguém vai reparar".

Uma coisa é adotar o visual de uma tribo urbana atual. Outra, bem diferente, é escolher um penteado muito diferente, uma roupa propositadamente esquisita, sem que isso represente uma rebeldia consciente, uma bandeira política ou, pelo menos, um propósito, por frágil que seja. Uma franja *"emo"* não pode combinar com uma calça e um boné de "mano".

Sobre esta questão de estilo, vários jovens me perguntam sobre a conveniência ou não de usar *piercings* e ter tatuagens. Como sempre, deve imperar a lei do bom senso. Se você gosta muito, sempre quis usar, sonha com isso, vá em frente, não desista. Mas se há uma pequena dúvida, um medinho, pense bem antes de tomar uma decisão radical.

É preciso compreender, por exemplo, que *piercings* e tatuagens podem ser obstáculos à aceitação profissional. As empresas estão cada vez mais tolerantes com esses enfeites, mas a verdade é que a grande maioria das pessoas ainda é conservadora nesse quesito, tanto os empresários quanto os clientes. E como o empregador precisa agradar o cliente final, é melhor o futuro empregado se adaptar!

A alternativa para quem quer usar tatuagens ou *piercings* é colocá-los de forma que só fiquem visíveis quando for conveniente. A tatuagem, de preferência, deve estar em um local em que possa ser escondida pela roupa ou deixada à vista somente quando o tatuado quiser. E o mesmo vale para o *piercing*: o ideal é tirar o acessório quando não for condizente com o ambiente; por isso é importante também cuidar para que ele não deixe marca muito forte sobre a pele.

Síntese

Como vimos, cuidar do visual pessoal é mais do que apenas buscar a chamada *boa aparência*, é ter a consciência de que a nossa aparência representa também a imagem que nossos interlocutores farão de nós como profissionais e, mesmo, da empresa que representamos. Cuidar da aparência é demonstrar cuidado pessoal – e, portanto, cuidado com as coisas do trabalho também. Por isso, uma pessoa com aspecto de asseio e cuidados pessoais inspira mais confiança nos ambientes profissionais.

> **Para saber mais**
> O DIABO veste Prada. Direção: David Frankel. EUA: Fox Filmes, 2006. 110 min.
>
> Um filme que aborda de maneira interessante a conduta profissional e a importância da aparência pessoal é *O diabo veste Prada* (2006), de David Frankel, com as atuações brilhantes de Meryl Streep e Anne Hathaway. O filme mostra relações profissionais cruéis, de exploração e humilhação, além de relatar futilidades e "profundidades" do mundo da moda.

Questões para revisão

1. Por que as pessoas devem se preocupar com a aparência pessoal nos ambientes profissionais?
2. Qual a importância das cores e das estampas no vestuário?
3. Analise as seguintes sentenças e assinale a alternativa correta:
   (a) Usar sandálias abertas não é recomendável em ambientes profissionais.
   (b) Mulheres devem sempre usar terninhos ou *tailleurs*. Calças *jeans* não são recomendáveis nos ambientes profissionais.
   (c) Homens não precisam se preocupar com o aspecto visual, basta terem higiene.
   (d) Maquiagem, acessórios, *piercings* e tatuagens devem ser discretos para não comprometerem a imagem profissional.

4. Analise as seguintes sentenças e assinale (V) para verdadeiro e (F) para falso:
   ( ) Homens sempre devem usar um perfume marcante, forte e masculino.
   ( ) Homens jamais devem usar barba, pois ela aparenta falta de higiene.
   ( ) Usar uniforme deve ser obrigatório em todas as empresas que querem criar uma boa identidade visual.
   ( ) Quando uma empresa adota uniforme para os seus colaboradores, estes devem ser orientados a ter cuidado com a higiene da roupa, em mantê-la sempre limpa e bem passada, e com as cores vibrantes para não dar um aspecto de roupa velha.

5. Assinale a alternativa correta:
   (a) Mulheres devem apostar na feminilidade, escolhendo roupas que valorizem o seu corpo, como decotes e fendas.
   (b) Nos ambientes profissionais, a formalidade impera. Por isso, o visual mais conservador é sempre o mais recomendável.
   (c) É necessário exercitar o bom senso, analisando o grau de formalidade da situação e de cada ambiente profissional, para, só então, adotar o visual adequado com segurança.
   (d) Para os homens, não há dúvida: terno e gravata é sempre a vestimenta mais adequada.

Questão para reflexão

Em sua opinião, qual a importância de se observar o *dress code* de um ambiente para poder interagir bem com as pessoas que o frequentam?

Estudo de caso

Em 1992, quando o então presidente da República Fernando Collor de Melo estava prestes a sofrer um processo de *impeachment*, fez um apelo pela televisão para que os cidadãos saíssem às ruas vestindo verde e amarelo no dia 7 de setembro, como sinal de civismo (e apoio ao presidente). Mas, em sinal de protesto, muitas pessoas em todo o país saíram às ruas naquele dia vestindo roupas pretas.

Um pouco antes disso, o Movimento Diretas Já, que lutava pela implantação do voto direto para a escolha do presidente da República, levou multidões a comícios e manifestações, tendo como símbolo o uso da "camisa amarela". Nos comícios, via-se um mar de roupas amarelas. Comenta-se que a Rede Globo de Televisão, por motivos ideológicos, não noticiava o movimento. Mas jornalistas e artistas da emissora – que também estavam engajados no Diretas Já – começaram a usar roupas amarelas como mensagem subliminar, como que para dizer aos telespectadores que, apesar de não poderem tocar no assunto, também queriam "votar para presidente". Aos poucos, a direção da emissora percebeu a tática e proibiu o uso de roupas e acessórios amarelos.

Os exemplos não são apenas da política, mas também acontecem na área comercial e corporativa, podendo abrir ou fechar portas no mundo dos negócios. Determinada concessionária de produtos agrícolas era ligada a uma marca cuja cor predominante é o laranja. Mas a loja da concessionária, a logomarca e até o uniforme dos funcionários era vermelho – justamente a cor da principal concorrente da indústria. Isso pode provocar confusões na mente do consumidor que, em última instância, pode até prejudicar as relações comerciais.

Imagine você ir ao estádio para acompanhar uma partida do seu time predileto, mas usar roupas nas cores do adversário. O mínimo que poderá acontecer será uma sonora vaia, mas os riscos são até de violência física, tamanha a rivalidade entre alguns times.

6
Tendências e situações diversas

Conteúdos do capítulo

» Situações e ocasiões para uma comunicação pessoal diferenciada.
» Como multiplicar o tempo em função da comunicação.
» O pessoal e o empresarial: *home-office* é possível.

Após a leitura deste capítulo, você será capaz de:

1. gerenciar o tempo e priorizar o mais importante;
2. planejar como se adequar a eventos e situações realmente extraordinárias;
3. compreender e escolher adequadamente entre o familiar e o empresarial;
4. compreender congressos e seminários como oportunidades pessoais.

6.1 Gerenciar o tempo ou clonar o tempo

Há alguns anos, ouvi a expressão **_clonar o tempo_**, pronunciada pela amiga Adriana Murara, nutricionista, em um debate – eu era mediadora e ela debatedora. Ela contava que um médico a havia alertado de que hoje todos precisamos clonar o tempo, ou seja, fazer mil coisas ao mesmo tempo. Para ela, a expressão soou como um acinte. E é mesmo uma afronta. Mas, se não formos muito disciplinados, acabamos por clonar o tempo várias vezes ao dia.

"O único tempo que me permito clonar é o que passo com minha família, curtindo. Ando de bicicleta passeando com meu filho. Vemos filmes enquanto trocamos carinhos", disse minha amiga. Bom seria se pudéssemos clonar o tempo apenas nesses momentos. Matar as saudades dos amigos ao mesmo tempo em que saboreamos um bom jantar, praticar esportes confraternizando com os colegas, ouvir música enquanto caminhamos ou corremos no parque.

Mas a vida tem nos imposto outras clonagens. Estudantes estressados decoram os seus quartos com fórmulas matemáticas e tabelas periódicas para memorizar tudo aquilo enquanto se vestem apressados para ir à escola. Secretárias atendem vários telefones ao mesmo tempo, equilibrando-se entre computadores e papéis. Empresas demitem funcionários fazendo os "colaboradores" que sobraram trabalharem por cinco, seis ou mais pessoas.

Clonamos o tempo quando nos maquiamos no sinal fechado, quando escrevemos um _e-mail_ ao mesmo tempo em que conversamos com quem está na nossa frente, clamando por nossa atenção, e respondemos "aham" quando a pessoa termina uma frase qualquer em tom de pergunta... sem sequer ouvirmos o que ela disse de fato.

Somos malabaristas entre celulares, computadores, _tablets_, canetas, papéis e pessoas que estão a nossa volta... A verdade é que fazemos tudo, mas fazemos muita coisa malfeita, feita pela metade ou da forma errada. Em outras palavras, podemos clonar o tempo, mas não clonamos a nós mesmos. Não há atenção difusa que seja capaz de dedicar a mesma atenção a tantas tarefas, algo sempre sai prejudicado.

A sabedoria popular está recheada de alertas para que não caíamos nessa armadilha. Os antigos sempre dizem: "uma coisa de cada vez". A Bíblia (2013) sentencia: "Para tudo há uma ocasião certa; há um tempo certo para cada propósito debaixo do céu". E Fernando Pessoa (1946), do alto de sua poesia lusitana, já alertava: "Para ser grande, sê inteiro". Então, quem somos nós para achar que podemos ser onipresentes?

6.2 Como receber turistas durante a Copa do Mundo da FIFA de 2014?

A chamada *etiqueta internacional* é uma das disciplinas necessárias na preparação dos profissionais.

Nos programas de capacitação de profissionais dos mais diversos ramos um assunto não pode ficar de fora: a preparação das pessoas em relação ao seu comportamento profissional. O tema *etiqueta internacional* é fundamental para que possamos receber bem os turistas que vierem de todas as partes do mundo para visitar as nossas cidades.

Devemos considerar que, além de ver os jogos, as pessoas que vierem para a Copa terão a curiosidade natural de conhecer a nossa cultura. Portanto, antes de nos preocuparmos em agir de acordo com a **cultura deles**, devemos demonstrar simpatia, disponibilidade e naturalidade. Nossa preparação deve incluir, por exemplo, sabermos contar coisas importantes do **nosso país**, do **nosso estado**, da **nossa cidade**, dos **nossos costumes** e da **nossa cultura**. Reflita: O que você sabe contar sobre o Brasil ou o Paraná? O que poderia dizer de curioso sobre o futebol brasileiro? Quais são nossos sambas mais conhecidos? Quais foram os momentos mais importantes da nossa história?

Pense, por exemplo, sobre quais temas giram as conversas quando você pega um táxi em uma cidade diferente: "Quantos habitantes tem a cidade?", "Como está a política?", "O prefeito tem cuidado bem das pessoas, das ruas, do patrimônio?" ou

"Há muitos assaltos por aqui?". Não tenha dúvida de que receberemos turistas com essas mesmas curiosidades. Eles querem nos conhecer – temos que ter o que contar. Se você ainda não pensou nisso, se tomou um susto com esses questionamentos, calma. Ainda dá tempo de se preparar.

Mas isso é etiqueta internacional? De certa forma, sim. Para o turismo receptivo, isso tudo é importante. Mas o que devemos saber em relação à cultura dos povos estrangeiros que virão nos visitar? Se soubermos algo bacana sobre a cultura deles, certamente isso soará simpático. No entanto, o mais importante é não ferirmos costumes. Por exemplo: demonstrar espanto ao ver alguém com uma roupa diferente, abraçar ou beijar algum turista sem que ele tenha sinalizado antes com essa possibilidade, agir de forma contrária em relação a questões de gênero (há muitos países com costumes machistas que não permitem aproximação de homens com mulheres – é importante não ultrapassar qualquer sinal nesse sentido), entre outros pontos. Com um pouco de cuidado, não será difícil conseguirmos um comportamento que seja simpático e receptivo sem ser invasivo.

6.3 **Dar presentes é uma responsabilidade!**

Os brindes e os presentes que você e a sua empresa distribuem têm muito significado – podem gravar uma imagem positiva ou negativa na mente dos clientes.

Todo mundo gosta de ganhar presentes e brindes. Especialmente se forem úteis e bonitos. Quase todo mundo também gosta de presentear, mas muitos deixam de lado pontos importantes que devem ser considerados na hora de escolher lembranças a serem distribuídas para clientes, fornecedores e amigos.

Uma das coisas importantes a serem lembradas é que o presente jamais deverá ser visto como uma tentativa de coação, suborno, corrupção. Mesmo quando são dados sem a intenção de **receber algo em troca**, os presentes muito caros podem intimidar quem os recebe. Claro que aqui também deve imperar a velha e eficiente regra do bom senso: o presente também não deve ser de qualidade inferior. E, se for dado pela empresa, deve ser, de alguma forma, proporcional ao produto ou ao serviço que a empresa oferece. Por exemplo: é comum concessionárias de automóveis presentearem com champanhe ou cesta de flores quem compra um carro zero quilômetro – mas em ocasiões especiais ou em promoções de automóveis *top* de linha, não é raro que o brinde seja até uma viagem internacional.

Para os brindes institucionais que são distribuídos durante todo o ano, independentemente de ocasiões especiais, o ideal é que os presentes sejam úteis. Quanto mais o cliente, o fornecedor ou o amigo utilizar o seu brinde, mais se lembrará de você e de sua empresa. Canetas, agendas, blocos de anotações, material de escritório em geral são sempre bem-vindos. Camisetas e bonés também podem ser interessantes, desde que destinados ao público correto (infelizmente, é comum dar camisetas tamanho "GG" para mulheres pequenas). Estojos de higiene bucal (especialmente úteis para quem viaja) e sacolas de lona para supermercado (a novidade que está conquistando os ambientalmente corretos) também são bons presentes.

6.3.1 Qualidade em primeiro lugar

O principal a ser observado é um item que tem sido deixado de lado por muitas empresas e pessoas importantes: a qualidade dos brindes. Se forem peças de má qualidade, o defeito ficará impregnado na mente do presenteado como se fosse uma característica de toda a sua empresa. Certa vez, vivenciei uma cena que chegou a ser engraçada. O consultor de uma empresa que trabalha com qualidade total presenteou a mim e a uma dezena de colegas com canetas que continham a logomarca da instituição. Imediatamente fui colocar a caneta em uso, mas ela quebrou na minha mão! Disfarcei o desconforto, mas imediatamente pensei: Se nem a canetinha que ele dá de brinde tem qualidade, como é que a empresa vai ensinar outras corporações a atingirem a qualidade total?

6.4 *Home-office*: prós e contras

> A tendência mundial é clara: muitos profissionais estão optando por trabalhar em casa. Mas a solução só é positiva para quem consegue ser muito organizado e disciplinado.

Trabalhar em casa, quem não quer? Essa é uma tendência mundial: os profissionais poderão cumprir todo o seu trabalho sem sair de casa, sem "bater" cartão-ponto e sem sequer tirar o pijama. Em algumas profissões, isso já é realidade.

É de se imaginar que, muito em breve, publicitários, jornalistas, advogados e vários outros profissionais não precisem mais se reunir em escritórios ou redações. Repórteres, por exemplo, poderão ir para o local da pauta, apurar as informações e depois voltar para casa para escrever a reportagem. Editores e diagramadores também podem trabalhar em conjunto, mesmo estando fisicamente distantes. Com os publicitários, é fácil imaginar a mesma situação. O avanço tecnológico permite a interatividade entre pessoas que não estejam próximas fisicamente e, por isso, facilitam o "trabalho em casa".

Mas, se o *home-office* tem inúmeras vantagens, como maior autonomia para o trabalhador, que pode organizar o seu tempo, conciliar diversas atividades e trabalhar com mais liberdade, é certo também que ele tem inúmeros incômodos – especialmente se o profissional não conseguir ter a disciplina necessária para se impor um comportamento profissional quando trabalha em casa.

Há pouco tempo eu soube de uma representante comercial que está perdendo clientes porque não consegue ter essa disciplina. O cliente liga, ela atende o telefone:

— Alô? (Fulano, abaixa o volume dessa televisão que eu preciso falar ao telefone!) Pois não... Representações comerciais, bom dia!

— Bom dia. Aqui é Beltrano, da empresa tal. Estou ligando para saber a respeito do pedido que encaminhei na semana passada...

— Só um pouquinho, senhor. Vou desligar a panela que está transbordando...

E o diálogo segue, truncado, numa sequência de criança gritando, cachorro latindo, conversas entrecortadas entre assuntos domésticos e profissionais. É claro que isso atrapalha, e muito, o relacionamento profissional.

Há também o caso daquelas pessoas que "precisam" sair de casa e ir para um escritório. Do contrário, não conseguem cumprir horários, protelam atividades, desconcentram-se ao menor sinal de apelo externo ao ambiente profissional. Aliás, não fazem do escritório domiciliar um ambiente profissional. Mais uma vez, o motivo é a indisciplina.

Portanto, o *home-office* pode ser uma excelente alternativa, visto que permite uma sensível redução de custos, dá liberdade e autonomia ao trabalhador, mas exige a sua contrapartida. Se você é disciplinado, pode apostar na tendência mundial e mudar o seu trabalho para dentro de casa. Mas se você tem dificuldades em ser mais organizado, talvez o escritório em casa represente um risco grande de ruína.

6.5 Congressos, seminários e convenções

Ambientes corporativos: atitudes profissionais!

Feiras, congressos, convenções e simpósios profissionais são encontros que nos proporcionam grandes possibilidades de negócios, além de serem ambientes em que podemos interagir com colegas de profissão, conhecer pessoas importantes e interessantes e marcar presença com clientes e fornecedores especiais. Isso é fato e ninguém duvida. No entanto, fico espantada ao ver que muitas pessoas desperdiçam essas oportunidades ímpares simplesmente porque adotam posturas inadequadas e deixam de lado o profissionalismo.

Sempre me lembro da história contada por um colega que presenciou a demissão de um grande vendedor durante uma convenção. O motivo? Ele bebeu demais durante o jantar de confraternização do evento e assumiu um comportamento inconveniente com clientes, colegas de trabalho e fornecedores. O presidente da empresa chamou um diretor e perguntou quem era o sujeito que estava abraçando exageradamente as pessoas e falando alto. O diretor explicou que era o melhor vendedor da equipe, mas o presidente sentenciou: "Não importa que ele seja o melhor vendedor. Não podemos ter na equipe alguém que manche o nome e a imagem da empresa porque não sabe se comportar em uma festa".

Pode parecer óbvio que devemos ter atitudes profissionais em ambientes corporativos, mas em situações descontraídas, como festas regadas a bebidas alcoólicas, é comum as pessoas perderem a noção do limite e se deixarem levar por mais alguns goles – perdendo totalmente a compostura.

Esse comportamento equivocado remete a outro igualmente comum e inadequado: a pessoa acorda de ressaca no dia seguinte e acaba "enforcando" as palestras e os encontros marcados para o período da manhã para dormir até mais tarde! E também há aqueles que "gazeiam" palestras para ir ao *shopping* ou fazer um *city tour* como se estivessem ali somente a passeio. Quanta oportunidade perdida...

Tão inoportuno quanto esses sujeitos só mesmo aqueles que veem nos encontros profissionais oportunidades de galanteios, paqueras e "escapadas". Nada mais desagradável para quem quer levar a sério um encontro profissional do que ter de se esquivar ou se fazer de desentendido ao receber cantadas descaradas – muitos acabam perdendo também a compostura e se obrigando a dar cortadas grosseiras e explícitas. Sei que paquerar é bom e que a maioria das pessoas encontra seus pares românticos em ambientes de trabalho, mas acredite: o foco principal ali **deve ser o trabalho**. E para os galanteadores de plantão (homens e mulheres, porque hoje ambos os sexos partem para o "ataque" sem intimidação): se perceber reações negativas às suas investidas, não insista, você pode estar se tornando intragável!

6.6 Viagens a trabalho

Uma das situações que mais põem à prova a conduta profissional de uma pessoa é o seu comportamento durante viagens de trabalho. A maneira como a pessoa se comporta fora de seu *habitat* cotidiano demonstra muito sobre o seu caráter. Por isso, quando viajar a trabalho, o profissional deve sempre ter em mente que ele está de fato trabalhando.

Infelizmente, há pessoas que exageram nos gastos, escolhem restaurantes caros e até pedem notas fiscais com valores superfaturados para se aproveitarem do fato de que os custos são bancados pela empresa. Outros se fiam na certeza de que não serão reconhecidos por estarem em outras cidades (ou até em outros países) e adotam comportamentos questionáveis, prejudicando a imagem da instituição que representam. Bem, nem é preciso dizer que isso tudo é deplorável do ponto de vista ético.

Ao viajar a trabalho, devemos ter em mente o tempo todo que estamos levando "além-muros" a imagem de nossa empresa. Ela será tão respeitada quanto nós mostrarmos.

6.7 Confraternizações

> Mesmo nas reuniões mais descontraídas, é preciso manter a postura profissional e lembrar que você pode estar sendo julgado.

Todos os anos, a proximidade do Natal e do final de ano traz também as inúmeras festas de confraternização das empresas. Quem embarcar no ânimo dos almoços e dos jantares terá uma agenda cheia e, se não se cuidar, alguns quilos a mais para mostrar na praia em janeiro. Os profissionais de venda, mais do que os de outras atividades, costumam ter compromissos todos os dias: além das festas das empresas em que trabalham, têm também as comemorações de clientes, fornecedores, entidades, clubes e tantas outras.

Mas, além do cuidado com a balança e os quilos a mais, os profissionais também devem policiar o seu próprio comportamento para não cometer excessos.

Nas festas, não é diferente. Mesmo que o ambiente seja descontraído, devemos manter o profissionalismo. Isso não significa, é claro, que falaremos de negócios o tempo todo. Apenas devemos ficar atentos para não perder a noção do limite.

Algumas empresas, por exemplo, reúnem colaboradores e familiares em chácaras, parques aquáticos ou clubes para uma descontração maior. Nesses casos, as roupas devem ser leves, alegres; jamais use biquínis ousados, *shorts* justos e curtíssimos ou uma sunga minúscula. A discrição continua sendo imperiosa.

Se a festa ocorrer em um restaurante, não exagere nas bebidas alcoólicas. Se for um jantar dançante, não exagere nos rebolados do samba ou do *funk* e cuide-se para não ficar "suando em bicas", pois isso é desagradável.

Se você for convidado em função do seu trabalho (festa da empresa, de cliente, de fornecedor, de parceiro de negócios etc.), pode ter certeza de que será avaliado como profissional. Se manter a discrição, melhor para você. Se cometer qualquer excesso, poderá ser responsabilizado por isso, conforme o exemplo do melhor vendedor que estava embriagado, citado na Seção 6.5.

6.7.1 Amigo secreto

Em festas de final de ano, é comum sermos chamados para participar das brincadeiras de amigo secreto, em que cada pessoa dá um presente a um colega, escolhido por sorteio e mantido em segredo até a hora da revelação. Não raro, a surpresa se desfaz no meio do caminho, algumas pessoas ficam chateadas com o presente que recebem ou mesmo com o colega que terão de presentear e alguns mal-humorados se negam a participar da brincadeira. Então, o que fazer? Para preservar o bom clima, devemos ser simpáticos, na medida do possível. No momento da revelação, procure não demonstrar insatisfação ao dar ou ao receber um presente. O ideal é que seja combinado um preço médio, para não haver injustiças. Se você sortear o nome do chefe, não queira impressionar com um presente muito caro – isso pode ser malvisto perante o grupo. Se você for o chefe, ajuste-se também ao preço médio combinado, para não parecer prepotente ou esnobe. Aproveite a brincadeira para se integrar mais ao grupo.

6.8 Refeições de negócios: negociar de boca cheia?

> Quando não se pode evitar um jantar ou um almoço de negócios, é preciso ter sutileza para que o momento seja agradável para todos os envolvidos.

Almoços ou jantares de negócios muitas vezes são inevitáveis na vida do vendedor. Há ocasiões em que só podemos interagir com o cliente – com pouco tempo e certa descontração – durante as refeições. No entanto, o horário da refeição não é o ideal para negociações.

Quando me perguntam sobre a conveniência ou não de encontros de negócios regados a refeições completas, lembro muito de meu pai ralhando comigo e meus irmãos quando nos reuníamos em volta de uma grande mesa para almoçar ou jantar:

— A mesa da refeição não é lugar para brincadeiras ou bagunça. É lugar de confraternização e união.

O mesmo raciocínio pode ser trazido para o mundo dos negócios. O momento da refeição, em situações ideais, deveria ser de introspecção e intimidade com os mais próximos. Embora saibamos que, hoje, isso é praticamente impossível, deveríamos tentar resgatar pelo menos a possibilidade de se "desligar" dos assuntos sérios dos negócios na hora de comer.

Se isso também não é possível, devemos fazer de tudo para que o encontro de negócios seja o menos sisudo e o mais agradável possível. Para isso, alguns detalhes devem ser considerados:

1. **A escolha do restaurante**: Devem ser evitadas comidas típicas ou outras que possam causar repulsa no convidado. Devemos procurar lugares discretos e com pouco barulho para que seja possível conversar.

2. **A discrição**: Devem ser evitadas bebidas alcoólicas. O garçom deve ser chamado de forma discreta e profissional (sem intimidades, brincadeiras inadequadas etc.). O anfitrião deve

pagar a conta, mas deve pedi-la de forma bastante discreta e, de preferência, fazer o pagamento longe da mesa e do convidado.

3. **A hora certa**: Tratar de negócios o tempo todo é inconveniente, mas falar futilidades ou querer entrar na intimidade do convidado também pode soar muito mal. O ideal, portanto, é introduzir a conversa com assuntos amenos, levá-la com simpatia durante toda a refeição e deixar para tratar efetivamente de negócios somente na hora do cafezinho. Assuntos como dinheiro e saúde ainda são tabus à mesa e, por isso, falar de negócios exige sutileza e sabedoria.

Síntese

A conduta profissional determina o caráter de uma pessoa. Por isso, devemos procurar adotar sempre a conduta mais ética, correta e discreta nos diferentes ambientes profissionais que encontrarmos. Situações de descontração devem ser bem aproveitadas, com brincadeiras e convivência agradável, mas sempre devemos ter em mente que nossas atitudes devem nos engrandecer, e não nos envergonhar.

> **Para saber mais**
>
> FUGERE, B.; HARDAWAY, C.; WARSHAWSKY, J. **Por que as pessoas de negócios falam como idiotas**: um guia de combate à embromação. Tradução de Alice Xavier. Rio de Janeiro: BestSeller, 2007.
>
> Para ilustrar alguns dos temas que abordamos nesta obra, deixo aqui a sugestão de um livro bem-humorado que coloca em xeque modismos do mundo dos negócios: *Por que as pessoas de negócios falam como idiotas?* (2007). Os autores Brian Fugere, Chelsea Hardaway e Jon Warshawsky mostram ciladas e armadilhas utilizadas no chamado *mundo dos business* e as formas como podemos detectar essas pegadinhas para não nos deixarmos levar por essas brincadeiras. É uma leitura descontraída e divertida!

Questões para revisão

1. Quais são os principais cuidados a serem tomados nas refeições de negócios?

2. Qual é a conduta desejável em viagens de trabalho?

3. Analise as seguintes sentenças e assinale a alternativa correta:
   (a) *Home-offices*, os escritórios em casa, não são recomendáveis porque ferem a imagem de profissionalismo.
   (b) É inegável que os *home-offices* são uma tendência mundial, mas é necessário tomar alguns cuidados para não deixar a vida pessoal invadir a profissional e vice-versa.
   (c) Deve-se evitar participar de congressos e seminários pela empresa. O melhor é ir por conta própria.
   (d) Congressos, convenções e seminários são oportunidades de descontração, não ambientes profissionais. Aproveita-se o encontro para se fazer turismo e conhecer novas pessoas.

4. Analise as sentenças e assinale (V) para verdadeiro e (F) para falso:
   ( ) Brincadeiras como o *amigo secreto* são desagregadoras. O melhor é não participar.
   ( ) Brindes e presentes levam a marca e a credibilidade da empresa. Devem ser sempre de qualidade e, de preferência, úteis.
   ( ) Congressos são uma boa oportunidade de convivência profissional com pessoas da mesma área, mas devemos manter sempre uma conduta bastante profissional.
   ( ) Viagens a trabalho são importantes para a descontração, a fim de evitar o estresse enquanto as férias não chegam.

5. Que tipo de conduta social pode ser incentivada, visando à boa refeição dos turistas na Copa do Mundo de 2014, nas cidades-sede?

Questão para reflexão

Dar presentes é uma responsabilidade. Você já parou pra pensar que o presente que você entrega diz muito sobre você ou sua empresa? Então, reflita: Você presenteia as pessoas por carinho e consideração, para ser lembrado pelo cliente ou amigo, ou apenas para cumprir uma obrigação?

Estudo de caso

Certa vez presenciei uma cena constrangedora em uma festa de final de ano de uma empresa. O diretor de uma unidade exagerou na ingestão de bebidas alcoólicas e perdeu a noção do limite: começou a falar alto demais, dar gargalhadas, dançar de forma escandalosa e, para completar, decidiu dizer o que considerava "algumas verdades" para o presidente e dono da empresa. Afirmou, na frente de colegas de trabalho, funcionários, gerentes e outros diretores, clientes, fornecedores e amigos da empresa, que o patrão era autoritário, arbitrário e desleal. "Soltou o verbo" de maneira vulgar e agressiva, provocando desconforto em todos os presentes. A situação se agravou de tal forma que se tornou insustentável. Colegas de trabalho tentaram fazer com que se calasse, mas, quanto mais pediam, mais ele se exaltava. Depois de certo tempo do escândalo, seguranças precisaram retirar o diretor do salão de festas e pedir que ele fosse embora.

No dia seguinte, ele estava envergonhado. Pediu desculpas ao patrão, tentou argumentar dizendo que estava brincando, depois disse que se exaltou sem perceber. Mas nada disso adiantou e o diretor perdeu o seu emprego – e também a amizade do patrão, é claro!

Para concluir...

O tema *etiqueta* trata de uma série de pequenas regras que têm como objetivo principal promover a boa convivência entre as pessoas. Nesta obra, buscamos traçar um panorama geral sobre as diversas situações da vida cotidiana que podem suscitar dúvidas sobre como agir.

É claro que o tema não se esgota aqui, por diversas razões. Entre elas, podemos destacar que todas as situações da vida pressupõem um código de conduta – portanto, seria impossível tratar de todos os aspectos referentes a esse tema. Por isso, optamos, aqui, por focar a discussão na chamada *etiqueta corporativa*, com dicas e reflexões sobre o comportamento profissional. Além disso, os aparatos tecnológicos a que as pessoas têm acesso são crescentes e mudam em ritmo acelerado, em constante evolução. Cada uma dessas mudanças pode exigir novas condutas dos usuários. Isso tudo sem levar em consideração as mudanças nos costumes, que, de tempos em tempos, trazem novas formas de relacionamento e, assim, novas regras de conduta.

Por tudo isso, essa obra jamais teve a pretensão de ser um tratado sobre o assunto ou algo definitivo. Pelo contrário, ela traz mais perguntas do que respostas – não por ser evasiva, mas por acreditar que, em se tratando de conduta pessoal e profissional, o bom senso é, na grande maioria das vezes, o maior professor.

Referências

ARRUDA, F. **Eficiente e elegante**: guia de etiqueta profissional. São Paulo: Arx, 2008.

BBC. **Shaking Hands**. London. 2007. Disponível em: <http://www.bbc.co.uk/dna/place-lancashire/plain/A20363267>. Acesso em: 20 ago. 2013.

BÍBLIA (Antigo Testamento). Eclesiastes. Português. **Bíblia Online**. cap. 3, vers. 1. Disponível em: <http://www.bibliaon.com/eclesiastes_3>. Acesso em: 13 maio 2013.

BILIBIO. **Frases de Thomas Edison**. Disponível em: <http://www.bilibio.com.br/frases/tags/492/Thomas-Edison.html>. Acesso em: 6 nov. 2013.

BOOTHMAN, N. **Faça todo mundo gostar de você em 90 segundos**: como transformar a primeira impressão em relacionamentos significativos na vida, no trabalho e no amor. São Paulo: Gente, 2012.

COMTE-SPONVILLE, A. **Pequeno tratado das grandes virtudes**. Tradução de Eduardo Brandão. 2. ed. São Paulo: WMF M. Fontes, 2009.

CORTELLA, M. S. A arte de liderar: cinco competências essenciais. In: FEIRA E CONVENÇÃO PARANAENSE DE SUPERMERCADOS, 27., 2008, Pinhais. Pinhais: Apras, 2008. Palestra.

DEMARAIS, A.; WHITE, V. **A primeira impressão é a que fica**: descubra como os outros veem você e aprenda os sete princípios fundamentais para criar uma imagem positiva. Rio de Janeiro: Sextante, 2005.

DIMITRIUS, J.; MAZZARELLA, M. **Começando com o pé direito**: como administrar seus pontos fortes e fracos e causar uma boa impressão. 4. ed. São Paulo: Alegro, 2001.

EDUCAR PARA CRESCER. **A proibição de abraços**. 15 out. 2007. Disponível em: <http://educarparacrescer.abril.com.br/comportamento/materias_295403.shtml>. Acesso em: 16 maio 2013.

FRANKEL, L. P. **Mulheres boazinhas não enriquecem**. Tradução de Dinah de Abreu Azevedo. São Paulo: Gente, 2006.

_____. **Mulheres ousadas chegam mais longe**: 101 erros inconscientes que atrapalham a sua carreira. Tradução de Maria Alayde Carvalho. São Paulo: Gente, 2005.

FRAZZ. **Frase de Thomas Edison**. Disponível em: <http://www.frazz.com.br/frase.html/Thomas_Edison-Nunca_falhei_Apenas-45880>. Acesso em: 6 nov. 2013.

FUGERE, B.; HARDAWAY, C.; WARSHAWSKY, J. **Por que as pessoas de negócios falam como idiotas**: um guia de combate à embromação. Tradução de Alice Xavier. Rio de Janeiro: BestSeller, 2007.

GIRALDI, R. Lula ironiza Minc e diz que ministro falou mais em uma semana do que Marina em 5 anos. **Folha Online**, Brasília, 27 maio 2008. Disponível em: <http://www1.folha.uol.com.br/folha/brasil/ult96u405948.shtml>. Acesso em: 13 maio 2013.

JABOR, A. O que os homens nunca deveriam usar – ou ter usado. **História da moda**, jul. 2012. Disponível em: <http://moda-historia.blogspot.com.br/2012/07/o-que-os-homens-nunca-deveriam-usar-ou.html>. Acesso em: 20 ago. 2013.

KALIL, G. **Chic(érrimo)**: moda e etiqueta em novo regime. São Paulo: Codex, 2004.

KD FRASES. **Frases e pensamentos de Thomas Edison**. Disponível em: <http://kdfrases.com/autor/thomas-edison>. Acesso em: 13 maio 2013.

KEATING, K. **A terapia do abraço**. Tradução de Paulo Rebouças. São Paulo: Pensamento, 1995.

LEÃO, D. **Na sala com Danuza**. São Paulo: Companhia de Bolso, 2007.

MARTINS, J. P. **Nossos hábitos, nossas algemas**. Disponível em: <http://www.anaceu.org.br/conteudo/artigos/publicacoes/33%20-%20Publicacoes%20-%20Jose%20Pio%20Martins.pdf>. Acesso em: 10 maio 2013.

OLIVEIRA, M. S. de. Um salto de São Gonçalo para o mundo. **O São Gonçalo Online**, 22 set. 2012. Disponível em: <http://www.osaogoncalo.com.br/recado+da+professora/2012/9/27/44862/um+salto+de+s%C3%A3o+gon%C3%A7alo+para+o+mundo>. Acesso em: 2 mar. 2013.

PENSADOR.INFO. **Tolstoi**. Disponível em: <http://pensador.uol.com.br/frase/NTIxMzQ3/>. Acesso em: 6 nov. 2013.

PESSOA, F. **Odes de Ricardo Reis**. Notas de João Gaspar Simões e Luiz de Montalvor. Lisboa: Ática, 1946. Disponível em: <http://multipessoa.net/labirinto/ricardo-reis/26>. Acesso em: 13 maio 2013.

REVISTA WESTING. **Mies Van Der Rohe**: conheça mais sobre este influente arquiteto. São Paulo, 2012. Disponível em: <http://www.westwing.com.br/magazin/historias/mies-van-der-rohe>. Acesso em: 13 maio 2013.

RIBEIRO, C. **Etiqueta século XXI**: um guia prático de boas maneiras para os novos tempos. Porto Alegre: L&PM, 2005.

SILVEIRA, M. I. P. B. da. **Viver com elegância não é difícil**. Curitiba: Instituto Borges da Silveira, 2009.

TOWERS PERRIN. **Como gerenciar a força de trabalho para conquistar vantagem competitiva**: os principais fatores de atração, retenção e engajamento. Brasil: Towers Perrin Global Workforce Study, 2007. Disponível em: <http://www.towersperrin.com/tp/getwebcachedoc?webc=HRS/BRA/2007/200701/Brazil_6.pdf>. Acesso em: 15 maio 2013.

URBAN, H. **Palavras positivas, mudanças significativas**. Tradução de Claudio Figueiredo. Rio de Janeiro: Sextante, 2007.

VIEIRA, M. C. de A. **Comunicação empresarial**: etiqueta e ética nos negócios. 3. ed. São Paulo: Senac, 2007.

Respostas

Capítulo 1

Questões para revisão
1. Para se harmonizar a vida em sociedade, é necessário que algumas regras sejam combinadas. Além de legislações formais, as pessoas criam também regras tácitas de comportamento, que costumamos chamar de *etiqueta*. O objetivo dessas pequenas regras é justamente facilitar a vida em sociedade.
2. Assim como surgem as regras de comportamento social, são criadas normas de conduta para os ambientes profissionais, a fim de que a convivência entre colegas seja facilitada e as hierarquias sejam compreendidas.
3. F, F, V, V
4. c
5. c

Capítulo 2

Questões para revisão
1. Resposta pessoal.
2. Com um cliente que, claramente, não irá comprar, a conduta deve ser igualmente gentil e profissional, pois ele poderá ser comprador no futuro. Além disso, se ele for mal atendido, poderá propagar más impressões sobre a empresa.
3. F, F, F, V
4. c
5. c

Capítulo 3

Questões para revisão
1. Não. O importante é escrever com clareza e objetividade para que o interlocutor compreenda o que quer ser dito.
2. Há algumas técnicas de memorização, como associar o nome a alguma característica da pessoa ou repetir o nome dela o máximo de vezes possível.
3. F, V, F, V
4. d
5. b

Capítulo 4

Questões para revisão
1. Além de ser uma forma de *marketing*, de comunicação em relação a seus produtos, seus serviços e suas estratégias, é cada vez mais importante a presença das empresas nas redes sociais, até mesmo por pressão da sociedade. Isso aproxima a empresa da comunidade e facilita o contato com os clientes.
2. Ainda há restrições e proibições quanto ao uso de redes sociais em muitas empresas, mas é cada vez mais comum que a utilização seja tolerada e até incentivada como forma de engajar os colaboradores na própria divulgação das ações da instituição. O uso que tem sido incentivado é o de liberdade com responsabilidade, para que as pessoas não percam a produtividade no trabalho.
3. b
4. F, V, F, F
5. a

Capítulo 5

Questões para revisão
1. Porque, por mais injusto que isso possa parecer, somos julgados pela aparência.
2. As cores carregam paixões e ideologias. Podem ser vistas como referências a times de futebol, partidos políticos ou organizações.
3. d
4. F, F, F, V
5. c

Capítulo 6

Questões para revisão
1. O principal cuidado a ser tomado é não tornar a conversa desagradável, falando de negócios de forma abrupta ou tratando de assuntos que não devem ser tratados à mesa, como determinadas piadas.
2. Embora haja uma programação descontraída, em confraternizações e festas a conduta deve ser sempre profissional.
3. b
4. F, V, V, F
5. Receber o turista da maneira que o brasileiro costuma receber seus visitantes. Com a internacionalização da presença das pessoas, nas redes sociais e na internet em geral, o contato com pessoas de outros países, apesar de se fortalecer, foi travado por preconceitos que devem ser ultrapassados. Uma das grandes oportunidades para isso são os cursos de preparação que estão sendo promovidos em diversas áreas (culinária, línguas estrangeiras instrumentais etc.), trazendo a oportunidade de contato entre culturas.

Sobre a autora

Adriane Werner é jornalista, especialista em Planejamento e Qualidade em Comunicação e mestre em Administração de Empresas. Dirige a empresa Made Management Administração Empresarial Ltda., que presta consultoria e treinamentos em comunicação. Ministra cursos de oratória e *media training* para grupos de profissionais liberais, gerentes e líderes preocupados em melhorar sua comunicação pessoal. É professora do Módulo de Comunicação e Oratória do Curso de Formação de Consultores Thompson, da consultoria Thompson Management Horizons (braço brasileiro da consultoria canadense Thompson). Também é discente em cursos de graduação e pós-graduação na Universidade Positivo (UP), na Universidade Federal Tecnológica do Paraná (UTFPR) e no Centro Universitário Uninter. Atuou por 16 anos na Rede Independência de Comunicação (RIC), afiliada à Rede Record de Televisão, tendo dirigido o Departamento de Jornalismo da emissora por oito anos. Foi repórter de TV, jornal e rádio (RIC, Jornal Indústria & Comércio, Jornal do Estado, Rádio Clube Paranaense), editora e pauteira nesses mesmos veículos.

Impressão: BSSCARD
Janeiro/2014